所有发生

都是最好的

安排

风丽◎编著

台海出版社

图书在版编目（CIP）数据

所有发生，都是最好的安排 / 风丽编著. -- 北京：
台海出版社, 2025. 3. -- ISBN 978-7-5168-4100-6

Ⅰ. B821-49

中国国家版本馆CIP数据核字第2025ZQ0805号

所有发生，都是最好的安排

编　　著：风　丽

责任编辑：姚红梅　　　　　　　　封面设计：李东杰

出版发行：台海出版社
地　　址：北京市东城区景山东街 20 号　邮政编码：100009
电　　话：010-64041652（发行，邮购）
传　　真：010-84045799（总编室）
网　　址：www.taimeng.org.cn/thcbs/default.htm
E－m a i l：thcbs@126.com

经　　销：全国各地新华书店
印　　刷：三河市燕春印务有限公司
本书如有破损、缺页、装订错误，请与本社联系调换

开　　本：710 毫米 × 1000 毫米　　1/16
字　　数：98千字　　　　　　　　印　　张：11
版　　次：2025年3月第1版　　　　印　　次：2025年3月第1次印刷
书　　号：978-7-5168-4100-6

定　　价：59.00元

前言

在人生的旅途中，每个人都在不断地追寻着某个目标。无论是事业的成功、情感的归属，还是对未来的憧憬与期待，时常用坚定的信念来支撑自己走下去。可是，在这过程中，不免陷入一种误区——执着于某些看似重要的事物，或是过于坚守一些无法改变的局面，最终让自己变得焦虑、痛苦，甚至迷失。而实际上，很多时候，自己所执着的那些事物，最终都会成为过眼云烟，不留一丝痕迹。

《所有发生，都是最好的安排》这本书正是想要告诉你：人生没有那么多无法放下的东西，也没有无法跨越的坎。很多时候，你困扰于内心的执念和坚持，却忽略了真正的智慧：放下。你会发现，世界不会为谁而停留，时光也不会为某个人而凝固。一切都会过去，无论是欢笑还是泪水，成功还是失败，所有的痛苦与挣扎，终将成为记忆中的一部分。因此，执着于过去、对未来过度担忧，往往只会让自己陷入不必要的困扰和烦恼。

人生最强大的时刻，往往不是你坚持不懈、拼命去追求某件事的时刻，而是你能够放下执念、看透一切的瞬间。放下并不意味着放弃，也不是软弱。恰恰相反，放下是一种智慧，一种从容的心态，它帮助你摆脱无谓的束缚，重新获得内心的平静与自由。人们常常把坚持看作是勇气与力量的象征，但其实，能在适当的时候放下，才是真正的勇敢。

有时候，你固执地认为某个选择是自己的"唯一"，认为某些关系是不可割舍的，认为某些梦想是必须追求的。这些执念，或许曾让自己激动和奋进，但也常常让自己心力交瘁。你一心一意地追求，却忽略了其他的可能性，甚至忽视了自己内心深处的真实需求。而当你最终发现，那些曾经让自己痛苦不堪的执着，并没有真正带来预期的幸福时，心中不免会生出一丝后悔和惋惜。你会意识到，原来，那些曾经让自己遍体鳞伤的坚持，最终竟然都是虚幻的，正如浮云般飘散，难以再握住。

本书的目的，并不是让你放弃所有的梦想，而是让你学会区分哪些是真正值得坚持的，哪些是该放下的。生活中的每一次经历，都是成长的机会。学会放下，让心灵变得更加开阔和平静，接纳生活中的一切变化。无论是喜悦还是苦涩，都是自己人生故事的一部分，最终都会成为自己向前走的力量。放下，是一种智慧，也是一种解脱，是迎接未来的最好方式。

目 录

第一章　面对人生，请先深呼吸

第二章　活在当下，昨天不会再来，
明天也不会提前到达

第三章　允许一切发生的勇气，是最珍贵的能力

第四章　知道"我"是谁，才能从容走过

第五章　所有发生，都是最好的安排

第六章　漫漫长路有心灯，历尽千帆仍少年

第一章

面对人生，请先深呼吸

1.遇事不决，先深呼吸

时光总是匆匆流逝，尤其在短视频时代到来之后，时间好像过得更快了。所有事物的发展好似被按下了加速键，每个人的时间都在十几秒、二十几秒地失去。大家买东西时，也不再是慢悠悠地穿梭在柜台之间，俯身下去，一行行、一排排地观赏那些漂亮迷人的商品，而是在主播"3、2、1，上链接！"的3秒、5秒内匆匆下单，生怕错过优惠，生怕抢不到其实堆满库房却喊着"最后××单"的商品。人们的意识在喧闹杂乱的话术中逐渐混乱，茫茫然不知该点击哪个链接，该买些什么才好。

此时，请你深呼吸，然后放下手机。

问问自己：究竟需要什么？到底想要什么？

有些时候，这个世界会营造一份喧嚣，去干扰你的内心，想让你在慌乱中做出错误的决定。但是没关系，人生恰似与命运博弈，你来我往间，总有输赢。下次，你可以尝试先深呼吸，定住心神，然后再去做决定。

慢享一刻

有一位网友分享了她遇到的一家人，他们的"松弛感"令她愕然，进而生出敬佩来。一大家人出门旅行，登机时发现孩子的证件过期了，无法出行。妈妈选择陪孩子留下来，但全家人的行李都在妈妈名下，也就是说，爸爸、爷爷、奶奶等人都将两手空空地抵达目的地，没有换洗衣物，没有用惯了的生活用品。网友在飞机上观察成功登机的一家人，本以为他们会怨声载道、埋怨连连。但没想到，他们只是云淡风轻地谈论着接下来的旅行，给妈妈打电话时也轻松愉快，只是叮嘱把行李直接邮寄到目的地就好。这一家人的淡然与冷静，让习惯了焦虑、紧张的网友惊讶不已。然后反应过来，自己原来是那么恐惧意外，那么害怕事情不按照计划发生。

面对无法扭转的局面，比如：孩子注定无法登机，必须有一位家长留下照看，且这名家长必须是孩子最信赖、最能安抚住孩子情绪的妈妈；一家人的飞机票花费不是小数目，全都放弃旅行未免损失太大；在机场大闹或者互相指责也无济于事。他们选择了损失最小的方案——淡然处之，冷静处理已产生的局面，这种处理后的"松弛感"，恰恰是很多人现在最缺少的一种淡然。

在九百多年前，这家人的类似状况，就在苏轼身上就发生过。

🗨 慢享一刻

宋神宗元丰五年（1082 年），距苏轼因"乌台诗案"被贬至黄州任团练副使才过了三年。这时的苏轼顶着骂名"蜗居"黄州，在外界看来定是无比沮丧。可苏轼在这里却悠山乐水，好不自在。是年三月七日，苏轼约上三五好友，在明媚春光中踏青出游。行至半路，突然阴云密布，凉风骤起，细密的雨丝不断地打了下来。同行的友人都仓惶躲避，狼狈逃窜。只有苏轼，迎风面雨，悠然依旧，并在之后写下了"莫听穿林打叶声，何妨吟啸且徐行。竹杖芒鞋轻胜马，谁怕？一蓑烟雨任平生。"的千古名作。

此次出行本就是踏青赏景，雨景何尝不是美景？美好的春日里，下场雨是再正常不过的事，慌乱奔窜，匆忙躲避，也不会让雨停下来，只能是失去了当下的情致而已。苏轼淡然信步于雨中，反而灵感乍起。写下如此佳句之后没过多久，这场雨就停歇下来，转眼竟是满目的灿烂日光。

还记得一开始思考的问题吗？——自己到底想要什么？

一件事的结果往往只有几种，但过程可能曲折离奇，意外频发，令人烦躁。但是，若你知道自己想要什么，知道自己想让事件如何成功，且也为之努力，那么何惧做事中的插曲？不妨遇事先深呼吸，冷静清醒，自信从容。

旅行的一家人知道自己想要的是愉悦的旅行体验，所以面对突发状况时平静如水，选择最合理、最科学经济的处理方法，既避免让孩子和妈妈产生愧疚感，也不影响接下来的旅程；苏轼知道自己想要的是"穷则独善其身，达则兼济天下"的豁达人生，所以被贬也好，雨袭也罢，他都低调淡然，静看时间、风雨，真正做到了"不以物喜，不以己悲"，用宽广的胸怀、卓绝的词句，给那些等着看他笑话的人一记响亮的耳光。人生故事，若流水般绵绵不绝、清澈淡然地流淌在自己的地图上，遇雨则丰，遇风则澜，遇石则弯，但终究会流向自己想去的地方，无论遇到什么，都静然无畏，一呼一吸间生出勃然的力量来。

愿你也能安然处世，遇事不慌，不自乱阵脚，而是先深呼吸，平心静气，用无比的韧劲去获得自己真正想要的人生。

2.宁静的心可以将世间万物听得更清晰

你见，或者不见我

我就在那里

不悲不喜

你念，或者不念我

情就在那里

不来不去

你爱，或者不爱我

爱就在那里

不增不减

这首略带凄冷的小诗，带着莫名的哲意，字里行间透露着一种超脱与淡然，更是十分地"唯物主义"——世界上的一切事物都是客观的存在，不以人的意志为转移。不论你在想什么，世界就在那里，按照宇宙的运转规律，不停地演进着。人只是观察者，惊鸿一过客。

慢享一刻

有一段时间，小A很喜欢戴着耳机，一是看起来很酷，二是给无聊的通勤时间增添一点乐趣。一开始是听歌，但喧嚷的交通工具使歌曲变得走音；后来就听"播客"，听天南海北的人聊起自己的奇闻轶事，从菜场的有趣阿姨，到职场上的"手撕"领导，从与店员斗智斗勇拿到自己喜爱的一杯咖啡，到舌战群儒击退催婚大姨。那些主持人的生活鲜衣怒马，鲜活明快，令小A深深着迷。上班路上听，忙里偷闲时听，下班逛超市时也听。嘈杂的地铁与卖场被耳机阻隔开，变成轰隆隆的背景音，裹挟着主持人的故事与大笑，一起涌入耳朵里。听时间长了，小 A 开始生出一阵落寞与失望：我的生活怎么不能像他们一样有趣、快活？再听，又觉得聒噪：怎么这么一点小事也能做成一期节目？这件事真有那么引人深思吗？最后，伴随着恰到好处的音乐，喜爱变成了嫉妒：他们怎么能发掘出来这些背后的感受？他们的生活怎么能如此丰富？

那些原本吸引小 A、令小 A 着迷的故事，现在令他心烦意乱，通勤、休闲时的消遣被自己烦躁地取消，耳机也被"打入冷宫"。在地铁上，小 A 无聊地看着车窗映出的身影，却被惊出一身冷汗：那个神情颓然、脸色死灰的人，还是自己吗？自己何时变得这般了无生气？小 A 不自主地梳理自己的生活，他开始审视自己对生活的态度：走在路上，路边的花坛不知何时被种上了满满的新花，娇艳欲滴，迎风摇摆；上学的少年们车把上的铃，清脆的叫声打破城市的沉寂，与婉转的鸟鸣相映成趣，城市的活力毫不吝啬地展现在他的眼前。而他，好像忽略了这些很久。

人们好像一直在追随别人的脚步，迫不及待地攫取别人生活的声音，反而忽略了身边伸手可触的世界。心上堆积了太多嘈杂，便难以透过繁复聆听美好。

弘一法师认为，恬淡是养心的第一方法，而恬淡的第一方法，便是静心。世间之事纷纷扰扰，都在拨乱人的心境。唯有拥有一颗宁静的心，才能拨开重重迷雾，悠然自在地享受生活。亚里士多德也曾说过，一个人在生活中难免遇到这样那样的忧虑。如果把忧虑的时间用来分析和看清事实，那么忧虑就会在我们智慧的光芒下消失。很多时候，人们将自己置于忧虑和迷茫之中，忍不住胡思乱想，所以内心变得急躁不安。

慢享一刻

曾经有一位记者，采访了一家著名报社的主编。记者真诚地求教，主编是如何在复杂的时局下把报纸办得风生水起？主编说道："有一段时间，我很迷茫，完全找不到未来的方向，甚至长时间地失眠。后来，当我睡不着的时候，我就开始画自画像。我发现，当我十分忧虑的时候，我画出来的自己，也是很忧愁的样子。后来，我不断寻找自己的方向，在一首诗里看到了一句话——'请指引我，仁慈的灯光；请你常在我脚旁，我并不想看到远方的风景，只要一步就好。'我顿时领悟：我太忧虑未来，过于思前想后，过于在意外界的声音，而这些，对我找到自己的人生方向毫无帮助。我静下心来，只专注于当下的事情，学会了顺其自然，整个人都安定、踏实了不少。这个时候，我再画像，发现画中的自己也变得眼神坚定起来。之后做任何事，我都专注于自己，静下心来观察自我，观察时局，观察这个世界。这就是我能坚持下来的秘诀。"

　　心若清净，风奈我何，不染尘埃，清风自来。心静了，才能有足够的心力去仔仔细细地观察这个世界，许多事情才能一点点看得清晰，人自然也会通透潇洒许多。

3.越是看重，越会失去自我

　　心理学中有一个概念叫作"印象管理"，是指人们在日常生活中，尤其是在社会交往中，试图管理和控制他人对自己所形成的印象的复杂过程。这种管理不仅关乎个人的自我呈现，更涉及深层次的社交策略和心理动机。人们通过一系列的行为和言语，努力让别人积极地看待自己，这种努力被称为"获得性印象管理"。它体现在精心准备的着装、优雅的谈吐以及那些旨在展现能力和魅力的微小动作上。与此同时，当一个人尽可能弱化自己的不足，或采取防御性措施以避免他人对自己产生消极看法时，便构成了"保护性印象管理"。比如，面对批评时选择沉默或转移话题，或是面对挑战时低调行事，以免给人留下能力不足的印象。

　　人们在与他人交往的过程中，总会不自觉地伪装自己，试图将自己塑造为更加美好、更加符合社会期望的形象。这种伪装并非全然出于恶意，而是人类天性中对社会认同的渴望在起作用。然而，现实往往比理想骨感得多。

俗话说得好："金无足赤，人无完人。"没有人能获得所有人的喜爱，也没有人能获得全社会的认同。如果你是一个企业的经理，不论是高高在上，威震四方，还是与下属打成一片，总会有人不服气、不配合；如果你是一个职场"小白"，即使你再怎么谨言慎行、滴水不漏，也会有人看你不顺眼，想好好训诫你一番；如果你正在热恋，总想把自己最好的一面呈现给恋人，甚至不惜营造一个虚假的形象来迎合对方的喜好，但若有一天，这层外壳被戳破，面对爱人的失望与指责，痛苦的就只有你自己……

不知道你有没有发现，很多时候，由于太想表现自己，太在意自己的"面子"，想让自己出众，会做出一些看似聪明实则愚蠢的行为。这些行为往往源于内心深处的焦虑和不安全感。人害怕被忽视，害怕被贬低，因此不遗余力地想要证明自己。但是，这么做不仅不会实现目标，反而会用力过猛、适得其反，甚至当众下不来台，尴尬万分。

有人喜欢不懂装懂，誓要成为全场焦点。在聚会上，朋友们谈论雪茄的历史与产地，一位男士分明不懂，也要强硬地插嘴："那玩意儿有什么好，还不如旱烟叶子有劲儿！"大家笑笑没说什么，转而谈论股市的走向，这位男士根本不炒股，但看别人谈笑风生，自己好像被忽视了，非要故作高傲而不屑地说道："你们怎么这么沉迷当韭菜?!"说罢还觉得自己幽默，但朋友们却交换了下眼神。可想而知，他在朋友们心里的形象，哪还有自己所认定的"幽默绅士"? 而下次聚会，或者说下一个能让他"表现自我"的机会，可能也不再有了。

有人总喜欢找借口，自己的工作一出现什么差错，马上怨天尤人，不是今天键盘坏了，就是明天鼠标坏了，反正对自己的马虎大意只字不提。甚至黑锅乱甩，在领导面前舌灿莲花，说得天花乱坠，以为这样就能维持自己"精明能干"的形象，获得别人的尊敬，殊不知这只会贻笑大方。还有人忍不住说大话，宏伟蓝图对朋友说了一遍又一遍，总想着"一鸣惊人"，做出一番惊天动地的大事业，好让所有人刮目相看。可心里却害怕自己做不到，害怕别人笑话，最终一事无成，沦为他人笑柄。

有人太想挽回面子，太想得到认可和赞赏，以至于忘记了真实的自己。

因为放不下对功名利禄的追求，过于看重虚假的面子与荣誉，所以人生多了许多的失意与悔恨、懊恼与痛苦。放不下、太看重，令人们每天都沉浸在对梦幻泡影的追逐中，执着于谁对谁错，谁高谁低，那注定会使自己饱受烦恼的折磨与利欲的炙烤。

老子有云："宠辱若惊，贵大患若身。"意思是，人在面对宠

（恩宠、荣誉）和辱（侮辱、挫折）时，要像对待自己身体上的重大疾病一样，保持一种警觉和谨慎的态度。因为无论受到宠爱还是侮辱，人如果会感到震惊和不安，那么说明他害怕得宠和受辱可能带来的潜在的风险和责任，担心失去现有的地位和利益。

人生就像一场马拉松，每个人都有自己的节奏和步伐。无须过分在意别人的看法和评价，更无须为了迎合他人而失去自我。不如放下压在心上的重担，放下对荣誉的渴望，放下对挫折的恐惧，方得安宁自在。

能对人间红尘事洒脱一摆手，念句"不知！不知！"，对得意与失意轻轻摇头，念句："随意！随意！"那么，便是真的放下，真的拥有了一颗自然平静、安稳不惊的心。不在乎、不纠结，让一切顺其自然。

当你不再为外界的纷扰所动，不再为内心的欲望所困时，就能摆脱尘世的束缚和纷扰，获得自身真正的力量和内心的平静。这时你会发现，只有自己才能决定自己的命运和人生轨迹。那些曾经让自己耿耿于怀的"出丑"时刻，其实只是人生中的一个小插曲，它们无法定义你整个人生的价值和意义。

以平常心看世间百态，以平常心看得失荣辱，才能摆脱尘世纷扰，获得真正的力量。

4.从别人的眼里走出来，才能成为自己

用别人的眼光看自己，总会认为自己有缺点，这里不行，那里不对。但那都是不相关人的只言片语，又怎能用此束缚自己的心灵？

🗨 慢享一刻

有一个年轻人去买碗，他想买一对上等的瓷碗作为新婚礼物送给朋友。他来到一家瓷器店，顺手拿起一只碗，然后与另一只碗轻轻碰击，碗与碗之间相碰时立即发出沉闷、浑浊的声响，他失望地摇摇头，然后接着去碰其他的碗，但一只一只试过去，低沉的声音接连响起。很快，他几乎试过了店里所有的碗。年轻人有些气恼，高声喊来了老板："老板，你这店里就没点好东西吗?!"老板虽有些疑惑，但仍礼貌地拿出了店里最精致漂亮的碗给年轻人看，可是，年轻人看都不看那碗上精致的花纹，也不观察碗身通透均匀的釉色，只是随手拿一只碗轻轻碰了一下，就失望地摇了摇头。老板实在按捺不住心中的好奇，问道："小伙子，你这是做什么?"

年轻人得意地告诉老板，一个做瓷器的老者告诉了他一个挑选瓷器的秘诀：当一只碗与另一只碗轻轻碰撞，发出清脆、悦耳的声响时，一定是好碗；反之，就是劣品。老板恍然大悟，拿起

刚才的精品给年轻人，笑着说："小伙子，你拿这只碗去试试，保管你能挑中自己心仪的。"年轻人半信半疑地碰击着其他碗，奇怪！除了最开始他拿来试碗的那只，其他碗都发出了清脆悦耳的声音。他不明白这是怎么回事，老板笑着说："道理很简单，你刚才拿来试碗的那只碗品质差些，你用它试碗，那声音必然浑浊。你想得到一只好碗，首先要保证自己拿的是只好碗……"

年轻人听后若有所思，但急着赶赴朋友的订婚派对，便购入了一对漂亮喜庆的碗，谢过老板后离开了。

第二天，年轻人向父亲讲述了这个买碗的小故事，但随即表示昨晚的聚会令他很是烦恼。

父亲问他为何，年轻人说道："聚会上，几个朋友聊起工资，问我年薪多少，我说十万元。没想到，一个朋友很失望地说：'才十万元？我们都以为你这样的高才生得年薪百万呢！父亲，我是不是真的很差劲?"

父亲听了之后，笑着摇摇头，说道："你初入职场的时候一年赚多少?"

"五万元。"

"你经过自己的努力，提升了自己的工作能力，薪资也有所上涨，这都说明你是在向前走。别人认为你应该赚多少钱，和你又有什么关系呢？还记得昨天瓷器店老板说过的话吗？当你用一只好碗去试其他碗时，才能知道其他碗是什么品质！"

年轻人怔怔地看向父亲，随即嘴角露出了一抹微笑。

当你用别人眼中的自己去看待世界时，就好比用次碗试好碗，换来的只有失望与沮丧；反之，好碗是真正的自我，只有做最好的自己，才能碰撞出最好的别人。

别人眼中的自己，只是他人将自身的偏见与想象融合，塑造出的一个并不真实的形象，你分明知道那形象是假的，却忍不住感到有愧，这难道不是自讨苦吃？

活在别人的看法里，注定没有一丁点的自由，只有无尽的痛苦，想想都令人不寒而栗。全盘接受别人的看法，就会变成毫无思想的木偶。但是，有时明明知道是这样，还是有人会费尽心思地塑造虚假的自我。

做得太好，怕招人嫉妒；做得太差，怕别人瞧不起。第一个去做，怕枪打出头鸟；最后一个去做，则怕被别人催促。和别人不一样，怕被人说我行我素、孤僻不合群；和别人太一样，又怕埋没在人堆里，没人看得见自己……

人生的罗盘，应该牢牢地掌握在自己手里，而不是别人的嘴巴上。只有坚定地看清自己的方向，向着理想中的灯塔奋勇前行，才能到达自己想去的地方。要独立思考，而不是听信他人对自身、对世界的描述。也许他们是对的，但那条荆棘丛生的小路，你必须自己走过去，不能踩着别人的脚印亦步亦趋地前行。

太多时候，人们把自己的快乐和幸福建立在他人的评价中，这便是太多烦恼与痛苦的根源。有人说你不如某个人，那么你就真的不如那个人吗？再者说，为何你要同那个人相比？在虚幻的逻辑中，烦恼注定是庸人自扰。

小草不会在意自己在其他人眼里够不够绿；玫瑰不会在意自己在其他人眼中有没有桂花香；树木不会在意自己在其他人眼里是什么形状；小鸟也不会在意自己在其他人眼里羽毛是不是鲜亮……

看看你面前这个美丽世界吧！每一个生命都懂得做最好的自己：小草在阳光下尽力舒展；玫瑰在微风中慷慨地释放香气；高大的树木在努力向下扎根、向上生长；鸟儿尽情歌唱，只飞向自己想去的地方……没有生命会因为自己在他人眼中的样子而烦恼、抱怨、记恨。它们不攀比、不自卑，只是用心做好自己。

别人看见你拥有什么，并不代表你真的拥有。同样，别人认为你的价值几何，并不意味着你有多少价值。要想得到真正的快乐，首先要先从别人的眼里走出来，成为自己。

希望大家都能拥有敢于被讨厌的勇气，去释怀，去放弃纠正他人的徒劳。你永远自由，做自己就好，别人不喜欢就不喜欢，无须挂怀。当你勇于正视自己，看清内在的自我时，便能勇敢地驾驭自己的命运，觉察自己的情感，做自己的主宰，做命运的主人。

5.焦躁的心，生不出恬淡雍容的花

《小窗幽记》有云："田园有真乐，不潇洒终为忙人；诵读有真趣，不玩味终为鄙夫；山水有真赏，不领会终为漫游；吟咏有真得，不解脱终为套语。"田园之中有真正的乐趣，倘若不能潇洒地释怀世间之事，终究只能是个庸碌之人；诵读诗书之时有真正的趣味，但是不会把玩欣赏的人，终究只能是个粗鄙之夫；山水中有真正可供欣赏的景致，但不能领会终究只能成为漫游；吟咏之中有真正的收获，不能从世俗烦恼中解脱，终究会落入俗套。

现代社会，很多人好像都十分着急：急着赚钱、急着出名、急着获得。甚至连旅游这样本是放松身心的事，都要安排上"特种兵"行程：将一天24小时安排得满满当当，恨不得没有睡觉时间；本来只能容纳三餐的胃，被迫"3天吃18顿"；这个景点刚完成拍照打卡，就急匆匆按照"攻略"赶赴下一个打卡点，更不必说了解这座城市的历史过往、文化底蕴了……

——这座城市有什么好玩的？

——全在照片里了，没体验。

——这座城市有什么好吃的？

——很多吧，现在胃还痛呢！

——图什么呢？为什么这么急？

——他们都这么玩呀！这里、那里，都是"必去"，不去就亏了！

最后，吃也吃不好、玩也玩不好，拖着更加疲惫的身躯结束假期，浑浑噩噩地回归日常生活，只留"精装"朋友圈焦急地等待点赞……

你是否也曾有过这样的经历：整天静不下心来，夜不能寐，总是感到有许多事情要做，却毫无头绪，不知从何处着手；当你必须去做某件事情的时候，心中却充满了百般不情愿，千头万绪涌入脑海，全是最坏的打算；工作中，你总是忍不住"摸鱼"，正经事一拖再拖，直到最后一刻才匆忙应付……

这样的生活，真的是你想要的吗？

如今，网络、手机、电脑带来了便捷，但也带来了千头万绪的信息。人们似乎很久没有认真地看过一本书了，甚至丧失了读一本书的能力。刚翻开书，就迫不及待地想跳到结尾，看看结局如何；120 分钟的电影也等不及去看，非要找解说在 10 分钟内看完。人们无比着急，却不知道自己到底在急什么。这种急躁的情绪，像心里住了一只幼猫，不停地抓挠着、喵喵着，让人心烦意乱。

在这个做什么都便捷高效的时代，人们做事情却越来越慢，总是拖沓，效率越来越低。究其原因，是太容易被外界干扰，变得越来越焦躁，无法静下心来去感受世界，去踏踏实实做事。大家都渴望成功，渴望快速实现自己的目标，却忽略了过程的重要性。俗语说："柔软的沙发是紧张生活必不可少的部分。"如果要做大事，放松与娱乐，特别是健康又使人振奋的娱乐，是不可或缺的。

不能说"深思熟虑"是错的，但有时候，过于焦虑地瞻前顾后，就像一直站在十字路口徘徊，只会让自己左右为难，寸步难行。不过，有一个方法较为可行——把自己当作"局外人"，跳出慌乱的局面，静下心来，恢复自己的冷静与理智。

如果你总是静不下心，那就走到大自然里看看吧：自然万物沉默无言，只是静静地在人们注意不到的地方生长着；如果你总是失眠，不舍得放下手机，那就抬头看看月亮吧：皎洁的月华恬淡而沉静，她穿过时空只为送你一捧清凉；如果你在工作中焦虑无绪，总觉得做不好，甚至怀疑起自己，那就先离开一下吧，走出沉闷的办公室，去吹吹风，听一首歌，让自己从困囿情绪的环境中离开，安静地做一会儿"局外人"，重新找到心灵的恬静。

🕐 慢享一刻

一个少年找到一位剑术大师，求他教授自己剑术，并表明自己要成为天下第一的剑客。少年问大师："师父，我要多久才能学成顶级的剑术？"大师回道："十年。"少年顿显失落，又焦急地问道："如果我勤学苦练，废寝忘食地加倍努力呢？"大师道："二十年。"少年不明白，困惑地问："为什么？那我拼死修炼呢？"大师道："那你永远也无法学成。学剑术，要在平静的状态下反复演练，细细地领悟，若你的心焦躁无根，被欲望所累，那自然无法学成。"

《菜根谭》有云："君子以恬养智"。其实不单是学剑术，无论学别的什么，在人生中，永远是"欲速则不达"。君子以恬淡平和之心蓄养智慧，滋养心灵，由此生出雍容自在、恬淡美好的生命之花。而想要迅捷冲天、快速成功的人，往往因为急躁犯错，前进的速度反而缓慢。

手越是奋力握紧，越是留不住指间流沙。生活想教会你的，就是放轻松，别急。无论是大器晚成，还是笨鸟先飞，就算爬不到山顶、冲不到第一，也没有什么大不了的。重要的是，请你一定要真诚而快乐地生活，洒脱而自由地追求自己的梦想。

6.坦然面对生活的人，会获得更深沉的力量

《菜根谭》云："两个空拳握古今，握住了还当放手；一条竹杖挑风月，挑到时也要息肩。"意思是人两手空空而来，却能握住古今万事，但握住了还应当放开双手；一根竹杖可以挑起清风明月，但到了时候也需要放下竹杖，休息肩头。

有些人对生活汲汲而求，总在索取，想要拥有更多，如同永不满足的饕餮，不断吞噬着周遭的一切。却忘了，正是这种"抓住一切"的欲望，会像沉重的枷锁，束缚住他们的脚步，让他们跌入无尽的深渊。人来世上时，两手空空；离开这世间时，依旧两手空空，但却可以在这世界留下许多回忆。至于这些回忆是苦是甜，是欢笑还是眼泪，完全取决于自己的心。

生活中的种种，不论是轻是重，珍贵还是寻常，拿久了要放下，活动活动手脚；肩上的担子挑久了，也需要放下，松快松快肩膀。欲望、富贵、权力……这些看似重要的东西，也当如此。它们或许能给人带来一时的满足，但长久下去，只会为人心里加上越来越多的负担，直至被压垮。

人的精力是有限的，若始终紧绷着，那么人就会感到疲惫不

堪，生活的脚步也会越来越沉重，无法获得支持自己走下去的力量。

生命有限，再大的权力终将失去，再多的财富也终会消散。只有坦然面对，拿得起、放得下，才能获得更加深沉的力量，滋养性灵，丰盈人生。这种力量，不是来自外界的给予，而是源自内心的平和与宁静。

佛家总是讲"无"的智慧，因为禅机不是什么具体的东西，也没有固定的程序，它蕴藏在平常的生活中，如同空气中的尘埃，无声无息，却又无处不在。没有人知道自己的禅机何时会来，但智慧的修行者知道，若满心期待、心神不宁，禅机必定不会出现。每个人都有自己的禅机，智者在生活中得到禅机，乐者也当以睿智的佛心去对待生活。

⚪ 慢享一刻

一位禅师问自己的师父："师父，什么才是真实的人生？"师父看着他，反问道："在父母未生我们之前，我们自己是什么样子？"禅师愣住了，久久回答不出来，只能求师父赐教。

师父说道："我说的一切东西，都是我自己悟出来的，都不是你的东西。"

禅师十分苦恼，感到沮丧而失落。为了得到答案，他决定去深山中积德养性，探求心道。

过了很久，有一天禅师正在山中劳作，他无聊中随手捡起一颗石子向一边抛去，没想到，石子撞上了一棵修长的竹子，顿时激起了"淅淅索索"的回声，这声音绵绵不绝，在耳边久久回荡，禅师听到后大悟，就这样获得了自己的禅机。禅师在最平常不过的时刻，在最单纯的劳作中获得了开启心门的钥匙，从此更加潜心修学，最终成了一代高僧。

禅机是这样，人生也是这样，其真谛也许就在吃饭、睡觉、举手投足之中。

生活的意趣当从平淡处获得，当你用坦然的心胸去仔细感受时，便能知道人生有多少趣味，有多少诗意萦绕。

余秋雨说，寻找了千百种理由之后，才发现，生活在我的视野下呈现出与他人的不同，不是生活赐予我什么不同，却仅仅是因为，在我胸襟之中，盈盈地盛满这么两个字：坦然。我坦然，于是我心美丽。我心美丽，于是我的人生跟着美丽。

多么通透的描述！坦然面对生活，用一颗美丽的心灵悦纳人生，人生中的种种情绪，都会在美丽的心灵中被软化，变成一段段轻快的浪花，慢慢拥向海岸，人生也就成为一幅独一无二、静谧甜美的画了！

泰戈尔有一句诗："天空不留下鸟的痕迹，但我已飞过。"这就是对"坦然"的最好注脚。人生中的许多事情都无法预料结果，成败得失无法掌握，有时甚至无法承担。但也要去做，也要尽力去活，只求认真努力付出后的坦然和快乐。

秋水平淡而悠远，反觉天地辽阔。即使一无所有，也能会心微笑，因为对生活、对人生坦荡无求，对世间万物没有执着与贪婪，所以心中一片澄清，心境自然平坦。有些人心中贪念频生，不知满足，对他人、对自身遮遮掩掩，不敢直面真正的自我，本该沉静的心，却宛如池塘中百花喧闹，反生许多烦恼。

海浪起起伏伏，人生也是如此，有起有伏才是常态。得意时无须扬扬自得，傲然不知天地为何物；失意时也无须叹息哀怨，仿佛生活多么苦大仇深。且看那海面有时起伏，有时平静，任生命遨游；看那草原广阔无边，一绿千里，任生命驰骋；看那群山绵延不绝，峰峦耸翠，静待勇者攀登。当心放大了后，天地也就大了，对变幻无定的人生，只需从容坦荡，笑看云卷云舒。

7.惊慌无益，不妨笑笑

曾在网上看到一张图片：一辆车的车头被撞得凹了进去，车主在凹陷上方贴了两只眼睛贴纸，顿时将凹陷变成了一个大大的笑脸。网友纷纷评论："太可爱了！""太松弛了！""精神状态超前。"不难想象，车主一定是一个幽默乐观的人，面对爱车的损伤，既然时光无法倒流，也没有魔法将车瞬间修复，那不如幽默一下，博君一笑。

某个问答网站上曾出现一个问题，引起广大网友的关注，成了热门。问题很简单："什么能力很重要，但是大多数人却没有？"

许多人在下面留下了自己的回答，其中有一条得到了极多的"赞"："遇事迅速恢复平静的能力。"

是呀，遇事时最无益的便是惊慌。人生中存在无数的变数、无数的未知，虽然未知会令人类发自本能地恐惧，但是可以修炼自身，选择面对时的心态和行动模式。

面对生活中偶然冒出来的意外，许多人第一时间是"哎呀"尖叫一声，然后开始惊慌失措：不小心打翻一杯咖啡，心里先是一惊，然后内疚、害怕、担心、懊恼，延伸至气愤、委屈，一股脑地涌上心头，手忙脚乱地不知该先扶起杯子好，还是先拿纸擦拭水渍，先"救"手机于"危难"，又怕打扰别人，害怕别人的目光，那些目光好似在说："看那个人多笨！"一时之间，面红耳赤，好像犯了多大的过错一般。

节外生枝固然扰人，但惊慌失措从来没有什么帮助，冷静面对也需磨炼。

《大学》有言："静而后能安，安而后能虑，虑而后能得。"越是急事，越要冷静。遇事不逞口舌之快，保持清醒，不乱方寸。若不小心惊扰他人，无须手忙脚乱地苛责自己，或惊慌地口不择言、埋怨他人，那只会令人看轻，甚或被拿捏掌控。微笑致歉，不卑不亢。若有余力，也可幽默化解，彰显风度。若遇毫不讲理之人，不要用言语表现自己的愤怒，尽可眉眼含笑，多动脑，少动嘴，冷静思考，才能趋福避祸。

大家从小就听过司马光砸缸的故事，一个小孩子在面对人命堪忧的场面时，临危不乱，果断采取适宜的措施，是何等令人敬佩！若他也惊慌失措，那后果真的是不堪设想，可见冷静处事的重要。

◯ 慢享一刻

大人们总会忘记一些小孩子都懂得的道理。一个小男孩在家里玩耍，不小心把每天要唤醒父亲起床的小闹钟给弄丢了，父亲抱怨着四处翻腾寻找，半天也没找到。父亲生气地对小男孩说："你给我找，找不到就别吃晚饭了！"等他出去了，小男孩进屋，不一会儿就找到了闹钟。父亲回来惊讶地问他："我几乎找遍了家里的所有角落，都没找到，你是怎么找到的？"小男孩说："我就安静地坐着，一会儿就能听到闹钟滴答滴答的声音了，顺着声音就找到了。"

要做成一件事，先处理好自己的心情。人们总是在慌乱地去应对一件事，想着一定要又快又好地解决，结果往往不尽如人意。所以，遇事别慌，越慌越乱，越做不成事，只有平静下来，才能做好事情。

古人云："水静极则形象明，心静极则智慧生。"意思是说，水面极其平静的时候，倒影就会很清晰，人心极为平静的时候，就能拥有智慧。

一个人的言行举止里，藏着他走过的路、读过的书、交往过的人，藏着他的生活品质。说话不随意，行事不急躁，做人不任性，才能做自己人生真正的掌控者，越过越舒心。正所谓"破我相、破人相"，就是藏得住话，沉住得气，守住得心，特别是在遇到突发事件时，更要如此。在泰然自若间，掌控解决问题的底气，只要不是生死，皆不是大事。就像作家苏芩说的："人，不需要有那么多过人之处，能扛事就是才华横溢。"

人生就像一盘棋，人与命运各执一方。命运总喜欢设置"圈套"，若此时心浮气躁，便极容易下错棋子，自乱阵脚。游戏失败可以重来，人生的棋局却没有"悔棋"一说。只有静下心来，冷静从容地面对命运给出的一个个难题，才能成为最终的赢家。

有人说，如果解决事情的能力决定了你的下限，那么面对事情的心态就决定了你的上限。当你遇事不慌，处事不惊，面对意外能够控制好自己的情绪时，你就会发现自己变得理智了，那些看似棘手的问题，都能在微笑中迎刃而解。

内心强大的人，才能真正无所畏惧。也只有内心强大，你在生活中才会处之泰然，宠辱不惊。不论外界有多少诱惑、多少挫折，都心无旁骛，微笑看待，始终坚守着心中的那份坚定。

8.独自撑伞的日子，也要顺顺利利

人生有一个永远的命题：等待。

有人在等待爱人，有人在等待知己，有人在等待贵人，有人在等待良师……

人们总把未来寄托在别人的引导与帮扶上，但是，你我皆过客，在人生的旅途上，大多数时间注定要独自走过。

请你问问自己：你爱你自己吗？

曾用这个问题"为难"过一个朋友，果不其然，他犹豫起来。从小他就被教导，要爱护地球，要爱小动物，要爱爸爸妈妈，要爱这个世界。但是，没有人教他怎样爱自己，好像爱自己是一件很自私、很不值得提倡的事情一样。

久而久之，他总是不自觉地忘了考虑自己的感受，总是把别人放在第一位。和朋友出去吃饭，明明不喜吃辣，但看着朋友对麻辣口味跃跃欲试的样子，便不好意思开口，最后只能忍着胃痛与朋友告别。慢慢地，他的心力越来越弱，失去了和他人深交的愿望，朋友越来越少，总是在逃避与所有人产生交集。

在独自思考一段时间后，他发现，其实自己只是缺少一样东西——独自走下去的勇气。

人们总是想跟着大部队走下去，对人类这种群居动物来说，这样是最安全、最简单的方法。人们总想去做别人做过的事，但其实内心并非这样想；想和别人一样，又忍不住想超越别人。在欲望与恐惧的本能支配下，人们失去了本心，迷失了方向。

🗨 慢享一刻

有一个热爱舞蹈、美丽热情的女孩，她出身普通，怀着一颗热烈的心去往大城市发展，想要在更大的舞台上展现自己优美的舞姿，获得更多的目光和掌声。但是，在大城市讨生活远比想象中艰难，残酷的现实击碎了她的舞蹈梦想。偶然一次朋友聚会上，她结识了一个有钱的商人，对安稳生活的渴盼令她放弃了心中的舞台，迅速与商人结婚了。

商人很爱她，为她出资办了一家舞蹈工作室，她依旧能在自己的舞台上起舞。不同的是，下面的观众变成了学生，她成了孩子们眼中优雅的老师。女孩对生活满意起来，不仅能跳舞，还衣食无忧，有呵护自己的爱人与固定的温暖住所，这是多少人梦寐以求的生活！

可是，她的心中总有一根刺，时时刺痛着她，那是最初对舞台的渴望。她越来越不开心，终日郁郁寡欢。商人担心妻子的身体，劝她出去散散心。他们一起出国旅游，品尝世界各地的美食，但她依旧无法真心地高兴起来。

更令她郁闷的事情还是发生了：商人的生意出了些问题，资金链断裂，很快便处在了破产边缘。舞蹈工作室只能关门，女孩失去了最后一片舞台。

久而久之，女孩的天赋与才华消失殆尽，对舞台的渴望变成一只野兽，时不时地啃啮着她的心，令她绝望而悲痛。

人生几多风雨，飘摇冷风中，与其等着别人来为自己撑伞，或可怜地依附于他人屋檐之下，莫不如自己为自己撑伞，想去哪里就去哪里。在生活这场盛宴上，酸甜苦辣都需要自己尝，最终一切还是要靠自己。

再苦再累，再痛再难，自己永远是自己最坚强的依靠。

一个人如果无法实现自己的理想，可能有很多种原因。但最主要的，是他没有认清自己在世间的处境与位置。当习惯了依靠别人后，若依靠消失，那种失落的情感会如滔天巨浪般将人反噬。人会变得麻木呆滞，满肚子怨言，自然无法抵达理想的彼岸。

在追求难以企及的东西时，必然会感到痛苦与艰难，下意识地想寻求帮助。若能寻到，当然笑颜如花，但若寻不到，也请不要悲伤。追求自己想要的东西，做自己喜欢的事，踽踽独行又有何惧？

独自奋战在热爱的道路上，是一件值得敬佩的事，需要有一种英雄般的品质。用心去感受，用踏实去行动，理想之花必然开放，娇艳欲滴。

不断地丰富人生阅历，不停地成长，丰盈自己，这样才能真正获得生命的价值。做自己，才能从心底获得源源不断的力量，先为自己而活，才有力量去影响世界。做一个有用的人，去烨炼自己的思想与能量，获得真正的快乐。

在无人同行的日子里，如需独自撑伞走过，请希冀自由，享受孤独，面对现实。骄傲地度过每一个只属于自己的时刻，不为虚度生命而悔恨，不为依附于人而脸红，不让雄心壮志泯灭成灰。

活在当下，昨天不会再来，明天也不会提前到达

1.允许自己回顾过去，但不沉湎

马尔克斯在《百年孤独》中说："过去都是假的，回忆是一条没有归途的路，以往的一切春天都无法复原，即使最狂乱且坚韧的爱情，归根结底也不过是一种瞬息即逝的现实，唯有孤独永恒。"

○ 慢享一刻

有一位网友分享了自己从回忆中挣扎出逃的经历：

我认为，沉迷于过去必然是因为现在不得志。

我曾经整整一年都在回望过去：迷失自我、抑郁，每天想着生命的意义。白天害怕与人交流，焦虑、胆怯、无法集中注意力，晚上充满恐惧与绝望，难以入睡。直到我不得不在死亡与改变之间做出选择。

后来，我开始读书，坐在图书馆翻阅各种书。只要没课，没作业，我就在图书馆看书，想看什么，就看什么，从心理学到历史，到自我成长甚至哲学书都看。不想看就不看，看一半就不看也是常有的事情。

在这个阶段，我真正见识了世界之大，真正对自己的过去妥协了，我彻底接纳了自己，原谅了自己，承认自己只是大千世界的一个普通人。既不认为过去是好的，也不认为过去是坏的，它就是那样。它可能是原生家庭的产物，可能是自己犯的错，也可能是自己唯一的骄傲，但它已经发生了，我也坦然接受了，就那样吧，我要把今天过好，明天过好。

而我可以肯定的是，只有不断地获取新的知识，拓展新的边界，不断地提升认知，才能突破重围，从心理困境中走出来。

心理学研究发现，沉溺在回忆中的人，其实是在逃避对自我价值的考验。

生活中总有这样一种人，他们总是沉浸在过去的回忆中：或是在过去的记忆中无法自拔，或是见人就说自己过去的事情。那些热衷于回忆过去的人无法承受任何会揭露其个人价值的考验。通俗来讲，他们不能再迎接新的挑战，因为害怕暴露出自己能力的缺失。比如有些刚失恋的人，很难立马开始一段新的感情，因为他们害怕暴露出自己在恋爱方面的能力不足。对于过往任何人、事的回忆，都是当下对相应人和事的一种逃避。恋爱如此，工作如此，生活也如此。

慢享一刻

一位网友在一个问答网站上讲述了同学的故事，读来令人叹息：

我有一个初中和高中都在一个班的同学，他小学的时候一直非常优秀，是班长，也是大队干部，成绩更是一直名列前茅。但不知道为什么，初中之后他的成绩一路下滑，从班级的前几名一直掉到班级中下游。他没有迷上游戏，也没有不认真学习，相反，他一直都非常认真。

初一的时候，他的成绩还不错，也是我们班的班长，后来成绩下滑了，老师想着当班长可能有些影响他的学习，就不再让他当班长了。但是当了快七年的班长，他无法接受自己不再是班长的这个事实，所以他一直都让跟他比较熟的人称他为班长，而不是喊他的名字。即使是上了高中换了班，有了新同学也是这样。

跟我们聊天的时候，他总是喜欢说以前的事情，说他以前有多么优秀。他高中的时候成绩就一直在中下游了，高考成绩也并不理想，但他似乎觉得非常好，非常适合自己，朋友圈里都是关于自己在学校的活动。

他好像一直都活在"班长"的虚幻状态中，当班长的那七年永远锁住了他的人生。

人可以偶尔回忆过去，可若沉浸在过去的记忆中，就无异于否定了未来更好的可能性。这些人不觉得未来可以创造新的成就，在虚荣心作祟之下又不愿承认自己失败。他们只能拿过去曾经备受关注的时刻，或者让他们引以为荣的瞬间，来掩饰内心对于未来可能性的否定。简而言之，在当前找不到存在感，而又需要存在感的支撑才能生活，恰好过去的一些经历让他们很有存在感，所以他们就沉溺在过去的回忆中无法自拔。

过去的错误、失败和伤害常常成为心灵的负担，对现在与未来的恐惧也恐吓着自己，阻碍着自己的幸福与和谐。不沉湎于过去，意味着学会释放过去的痛苦，接受过去的经历，不再让它们主宰自己的生活。这不是忘记过去，而是将它们看作是生命旅程中的一部分，从中学到教训，并向前看。

要诚实地面对过去的经历，不要逃避或否认它们，接受过去是释放压力的第一步。学着从过去的经历中吸取教训，思考它们对自己的成长和发展有何影响，过去的错误和失败是最宝贵的学习资料。之后，一定要学会释放，人的心灵空间是有限的，怨恨、不满、贪婪……那些病态的情绪只会损害内心和健康，人终要学会原谅他人和自己。最后，也是最重要的——专注当下。将注意力集中在当前时刻，享受当前的经历和乐趣。过去已然无法挽回，但可以改变现在和未来。

总而言之，过去的事情，无论是欢乐还是悲伤，无论是幸福还是不幸，既然已成过往，不如轻轻放下。坦然面对过去，悦纳自己的真实一面，有迎接新挑战的勇气，人生之路定会一片坦途。

2.没有奢望，所以内心安然

永远渴求更多不必要东西的心，是无法被填满的。这心好像一个无底洞，呼啸着吹出阴冷的风，让人逐渐变得疯狂阴骛。

慢享一刻

两个男人结伴探险，行至深山，正疲惫不堪之际，看到密林渐疏处出现了一座小木屋，两人欣然上前，以求得一晚安眠。

木屋里堆满了各种杂物，但好在没有大的破漏之处，还算温暖宁静。两人中的长者嘱咐年轻人小心观察，毕竟这屋子看起来空了许久，说不定会有些蛇虫鼠蚁，甚至小型野兽寄居。年轻人四处打量着这间屋子，在书桌旁捡起来一本泛黄的书籍，在稍稍辨认其中字迹后，惊讶地叫出声来，并赶忙招呼长者来看。

"快看，这上面记载了一个神话！"

"什么神话？"

"传说这片土地上有一个宝物，只要拿着它，就可以许三个愿望，并且马上实现。"

"这不就是阿拉丁神灯嘛！哈哈！"

长者笑了笑，说道："快准备弄点吃的吧，我们好好休息一下，明天就能走出这片林子了。"

年轻人也笑了笑，但眼里有些意味不明的东西。

两人结束旅行后，很久都没有联系。突然有一天，长者接到了年轻人的电话，电话那头的声音沙哑而痛苦，年轻人请求他陪自己再回那片森林一次。

长者问其缘由，年轻人支支吾吾，最终说出了实情：

其实在那本书上，不仅记载了和阿拉丁神灯相似的故事，还详细描述了宝物的样子。年轻人在屋子里闲逛时，赫然发现那传说中的宝物就在房间的角落。他怀着试试看的心态，许了三个愿望：第一，希望获得5000万；第二，希望自己那肥胖的妻子能变得苗条。

长者隐约有些不祥之感，问："然后呢？发生了什么？"

年轻人答道："回家之后，没多久，有一天，我的父母带着孩子出去玩。他们，发生了意外……赔偿加上保险，正好打到我的账户里5000万。"他忍不住抽噎起来。"我的妻子伤心过度，身体越来越虚弱，体重快速下降，没多久去世了。"

年轻人哭着哀求长者道："求求你陪我回去一次。我自己回去过，但怎么也找不到那片林子！"

长者问："你想回去做什么？继续许愿改变现状吗？不知道又会带来什么恶果！"

年轻人早已泣不成声："那我也要试一试！求求你！"

长者缓缓地叹息，说道："对不起，我是个普通人。恐惧是我现在最大的感受，我并不想再去冒险。不过，你的第三个愿望是什么？"

年轻人深呼吸了一下，慢慢吐出两个字："永生。"

俗话说"人心不足蛇吞象"，人的欲望好似天生就是一个无底洞，谁不想天上掉馅饼，正正好好只砸在自己的头上？无数帝王的最终渴求，便是长生，当对物质的索求已经全部被满足时，便想去获得超乎人类的权限，挑战自然的限度。

人立足于地球之上，不过是茫茫宇宙间的一介蜉蝣。人所能感受到的，只不过是五感所得，再多便没有了。奢求再多，也不可能生出五膀六臂、三只眼七只耳来同时享受世界。静下心来，安然地观察这个世界，说不定能得到更多灵感。

慢享一刻

从前，有一位君主为了巩固霸业，平定叛乱，滥杀无辜，手上沾染了无数鲜血。他心中有愧，夜不能寐，因此决定皈依佛门。

君主大建寺庙，供养大量的僧人为他念经祈福，还大力倡导民众学习佛经。可他内心的不安仍然存在，他越来越迷茫。

有一天，这位君主慕名来到一处名山，想要拜访在此处修行的高僧。君主请求高僧指点迷津，僧人请君主坐下，并为其斟茶。

僧人问道："你会喝茶吗？"君王小心翼翼地回答："不会。""那就先学喝茶吧。"

僧人摆好茶具，将水烧开，然后默默冲茶。这期间，不论君主问什么、说什么，都一言不发。

僧人为自己倒好茶，轻轻地啜了一口，缓缓道："先喝茶。"

只见僧人拿起茶壶，不断地向君主的杯子里添茶，眼看茶水溢出，四散开来，依旧没有停下的架势。

"喝茶还需要学吗？"

僧人不语，继续倒着茶。

君主着急地说："大师，茶已满溢，为何还要加水？"

僧人问道："人的心就像这杯子一样，总想装得更多。心都已经满满的了，如果不喝掉，如何能装下更多的东西呢？"

君主若有所悟，抢过茶杯一饮而尽。

自此君主开始潜心学习茶道，克制自己的欲望，最后终于获得了心的宁静，悟出了治国之道，将国家治理得井井有条。

"壁立千仞无欲则刚"。孟子说："养心莫善于寡欲。"没有过多的奢望，才能有时间、有精力去观自己的内心，只有内心知足，才能真正获得平静，自然也会无所畏惧。

吴敬梓在《儒林外史》中对守财奴严监生临终的场景进行了精彩的描写：

严监生喉咙里痰响得一进一出，一声不倒一声的，总不得断气，还把手从被单里拿出来，伸着两个指头。……赵氏分开众人，走上前到："爷，只有我能知道你的心事。你是为那两盏灯里点的是两茎灯草，不放心，恐费了油。我如今挑掉一茎就是了。"说罢，忙走去挑掉一茎。众人看严监生时，点一点头，把手垂下，登时就没了气。

一个人，如果被俗物拖累，被名利束缚，被贪念吞噬，就会将身外之物看得比什么都重要，自然也会失去基本的人性，变得自私偏执。人生太过短暂，而这世间美好的东西又太多，要想真正地感受人生之乐，只有用安然博大的心，才能更清晰地体会所有美好。

3.时光流转，爱眼前

人生，就像是一场马拉松，看起来起点与终点好像距离很远，但只要咬牙坚持，转眼也就到了冲线的位置。转瞬而逝的一辈子，可能还没等学会享受生活，便已经垂暮，只留一声嗟叹。

这就是人生，人无法回到过去，更无法预料未来，能拥有的，只有当下。

○ 慢享一刻

三位老人"突发奇想"想去爬泰山。他们住在临沂，距泰山有 125 公里；他们也没有很多预算，又怕告诉子女后遭到阻拦。于是瞒着家人，骑着电动三轮车就出发了。

他们一路骑到泰山，很难想象在没有智能手机导航的情况下他们是如何摸索到泰山脚下的。他们夜爬泰山，饿了就啃从家带来的煎饼，困了就席地而睡。周围的游客看到这么高龄的爬山者，都十分惊讶，纷纷为他们加油鼓劲。最后，三位老人成功登顶，还捡了满满一车的废品，又骑着三轮车优哉游哉回家了。

很多年轻人爬泰山都会腿抖不已，瘫软好几天，这三位老人最大的 82 岁，最小的 65 岁，他们的"壮举"惊呆了一众网友，真是说走就走，老顽童一般的三个"小老头"！

有记者采访了三位老人，其中一位老人说，也担心自己上去走不下来，但是，想做，就去做了。

莫道桑榆晚，为霞尚满天。自由和快乐不分年龄，实现自己的愿望也无关年龄。

时间总是匆匆流过，快到人们还没辨识清它的面目，自己就已经垂垂老矣。与其费神摸索时光流过的痕迹，不如珍惜眼前，去做自己真正想做的事情。

慢享一刻

有一座古老的神像上雕刻了两张脸。一天，这座神像显出天机，昭示真神将降临，解答世间大众的问题。人们马上从四面八方涌来，想一窥天机。

一个天真的孩童首先开了口，清脆地问："你为什么长了两张脸呢？"

神像回答道："我的一张脸负责俯瞰人间，是在看过去，从过去中吸取教训，学习经验；我的另一张脸负责仰望宇宙，是在看未来，遥望将来，憧憬美好。"

孩子听后马上问道："那你为什么不看现在呢？现在就不重要了吗？"

话音刚落，神像突然分崩离析，倒塌了。

纯真的孩童不知道过去与未来有何重大意义，他只知道今天有热闹看，说不定还能吃到小摊上的美味，现在的他雀跃快乐，没有其他想法。孩童对神像指出了最直接而残酷的事实，它缺少现在，神像一直看着过去和未来，已经"无脸"面对现在。

小说《萤火虫之墓》中说："珍惜今天，珍惜现在，谁知道明天和意外哪一个先来。"

有些人总喜欢把"等会儿再说""有时间的吧"之类的话挂在嘴边，总想着再说、再说，可"一会儿"到底是多久？"有时间"是什么时候？不知你有没有发现，当你说出这一类话时，自己心里也知道，这件事情最终的结果就是不了了之，永远也完不成……

◐ 慢享一刻

有一个贫穷的哲学家，在世界各地游历，他每天都过得特别开心，仿佛没有什么事情能令他烦恼。有一次，他路过一个小村庄，在村口歇息。正在晒太阳的一个老人看到他，问道："你看你身上脏的，衣服都破了，怎么还神采奕奕的？我每天没有什么事需要做，没事就躺在这里晒太阳，怎么还是觉得人生好苦？"

哲学家轻快地摇摇头，说道："我不觉得苦啊，每一天都是新的开始，每一刻都是那么独特，我感到很快乐。"

老人继续问："可是，新的一天会有新的烦恼啊！怎么可能遇到难事不难过，遇到好事不高兴呢？"

哲学家笑着说："遇到难事当即悲伤，但不要太久；遇到好事理应欢乐，但不必沉迷。不论好的情绪还是坏的情绪，都让它们随着日头落下而落幕。新的一天到来时，便用新的心情去感受，过好每一天。"

记得曾有一段时间，全网都在流传一个视频：一位名叫秋元秀夫的老人录制了一段视频，他对着24岁时的自己说道："秀夫，你会在公司认识一个姑娘，是脸超小、超可爱的小华。你们会在一起，但你却一直犹豫着要不要求婚。心里有爱就要马上行动啊！因为，两年后小华就会因病去世，而你会无比后悔，极度悲伤，一直都忘不掉。"

这段话引起了无数人的深思，也令不少人流下眼泪。也有一些人受此启发，马上去做自己想做的事情。

人生没有地图，行进路线无人可以预测，所以过多的计划是毫无意义的，人生总会出现或大或小的偏差，甚至可能是南辕北辙。饭要一口一口吃，事情要一件一件做，只有活在当下，才能对自己有清晰的认知，对当下的生命有百分之百的体会。

人们总在失去时才幡然醒悟，然而已经追悔莫及，为时已晚。珍惜眼前的人和事，爱眼前的人和事，才是对人生最好的态度。过去已成为历史，未来尚不可知。只有把握当下，珍惜现在，努力过好每一天，认真做好每一件小事，才会在人生的道路上越走越远。

4.该来的总在路上，人生无须"快车票"

小时候，大家总盼着长大，觉得大人可以做许多"不可以做"的事情。长大以后，人们往往感慨时光的无情，又期待着时光机快快问世，让自己回到小时候。时间对所有人都是平等的，不会因谁而加速，也不会因谁而放慢脚步。

慢享一刻

曾经看过一部电影，讲的是一个饱受校园欺凌的男生，偶然间得到了一张传单，上面推销着"代替遭遇"的业务。简单来说，就是卖家拥有精神替换的能力，可以让另一个人的精神进入购买者的大脑，帮助购买者经历他所不想经历的一切，到期后再抽离，购买者就可以选择跳过自己生活中不想经历的片段，直接到达未来。目前这项业务正在推广中，价格低得离谱。男生很高兴，因为此时他是一个弱者，他恐惧第二天上学时再遇到欺负他的学长，于是购买了这项服务，跳过了上学的时光。

转眼，他变成了西装革履的上班族，大家都礼貌克制，自己还莫名其妙有了一个可爱漂亮的女朋友。他欣喜若狂，幸福地沉浸在新生活中。

但是很快，他发现大人的烦恼太多了，现在的他只是一个小职员，每个月挣的钱根本不够花，在职场上还要受前辈的打压，甚至会遭到辱骂与羞辱，女朋友也催着结婚，向他细数着需要准备的房子、车子、家具……

他又退缩了，想着，要是我直接跳到 35 岁，大概是能当上经理的年纪，收入丰厚，房车都有，那不是太爽了吗？于是，他再次联系了那家公司，又购买了代替服务。

一眨眼，男主角变成了肚子隆起、头发稀疏的中年人，他坐在自己的专属办公室内，看着屏幕上的各种数据，满意地笑了。他刚要起身出门，却眼前一黑，"咚"地倒在了地上。

等再次睁开眼，他正躺在医院的病床上，医生在旁观察着。他虚弱地问自己怎么了，医生告诉他，他的身体由于长时间的不健康生活习惯，已经不堪一击了。他已经患上肺癌，命不久矣。

男生崩溃地大哭起来，疯了一般大吼着冲了出去，他要找那家神秘的公司问清楚怎么回事。

他闯进那家公司，找到了经理，愤怒地要求退货，让自己回到少年时代。

经理慢悠悠地说道："本项服务不退不换，在购买时就说清了的。而且，是你自己要按下跳转键的。"

男生哭着哀求，起码让他回到患病之前，又疯狂地指责为什么代替他生活的人糟践自己的身体。

经理说道："我们的员工替你生活，也很累的好吗？你不要的人生，自然别期望别人会替你珍惜！"

最后，男生只能躺在病床上，忍受着病痛的折磨，一天天地等待着死亡的到来。他甚至还想购买代替服务，让自己直接死去，但是，现在他的时间对别人来说已没有价值了……

人们总说未来可期，总期许着未来发生美好的事情，明天就是未及的未来，今天也终成为回不去的昨天，故事总在发生着，活好当下每一天才是最重要的。自己的身体、自己的时间，若连自己都不知道珍惜，又能指望谁去爱护？不论是成功还是失败，顺利还是挫折，人生所有境遇，都是自己独一无二的财富。没有必要着急去往未来，当下才是最重要的。

相信女生小时候都有偷穿妈妈高跟鞋、偷偷化妆的经历，男生小时候都有偷穿爸爸皮鞋、系爸爸皮带的经历，人们渴望长大，可真正长大后，有几人不想回到从前，去做那无忧无虑的孩童？珍惜时光，重视眼前，方能放下不甘，获得真正的充实与快乐。

人们对遥望的幸福总有种无法克制的欲望，从而被虚幻的想象蒙蔽了双眼，看不到现在所拥有的一切。也许幸福就在自己身边，只是自己忘了静下心来，好好观察当下的世界。

慢享一刻

有这样一则寓言：

一个年轻男人不断地奔跑着，大汗淋漓，对身边的一切视而不见。有个人拦住他问："年轻的孩子，你要去哪里？"男人嚷着："让开让开，我急着追赶幸福！"慢慢地，年轻人变成了中年人，他还是急匆匆地走着，又有一个人拦住他，问："先生，你行色匆匆，这是要去哪？"男人依旧甩开了他，说："我要去寻找幸福，别挡路！"时光飞逝，中年人变成了老年人，男人急切地向前趋步，又被一个人拦住了去路："嘿，老朋友，你还在追赶幸福吗？""当然！你到底是谁？"男人终于停下来脚步，抬眼向来人看去，原来他就是幸福之神！幸福一直在他的身边。

无论你今天怎么用力，明天的落叶还是会飘下来。多担忧、多考虑的部分，仅仅是为今天增加负担罢了。《爱情公寓》里有一句台词："我的人生没有彩排，每天都是现场直播！"人生没有重来，无法倒带，更不能"超前点映"，能做的，就是怀着好心态，拿出行动来，全身心地投入这场没有彩排的"秀"，活出属于自己的精彩！

5.我们唯一拥有的就是当下

有句话曾风靡一时："幸运的人用童年治愈一生，不幸的人用一生治愈童年。"许多网友都赞同，表示自己要用如今的快乐去治愈童年的伤痛，但是，童年早已离去，如今的快乐被拿去治愈过往，那今天怎么办？

苏轼有诗云："休对故人思故国，且将新火试新茶。诗酒趁年华。"不要在故友面前思念故乡，姑且点上新火，烹煮一杯刚采的新茶，作诗醉酒都要趁年华尚在。时间从不会因惋惜、后悔而停下脚步，人生也与时间并肩奔腾，你拥有的只有此时此刻的感受，此刻转眼变为过去，未来瞬间成为当下，再悔恨不舍的留恋，也会被埋葬于时光；再虚无缥缈的遥望，也会呈现于眼前，触手可及。所以，你拥有的只有当下，除了珍惜，别无他法。

🗨 慢享一刻

一名学士去拜访一位禅师，见禅师日日轻松安稳，处处安详自在，学士总觉得禅师有独特的处世秘诀，于是翻遍了禅师的著作，又在禅师身边侍奉许久，明里暗里地打探，但一无所获。

有一天，禅师邀学士上山，学士好奇地问："无缘无故，为何去爬山？"禅师笑而不语，只是示意他跟上。他们缓缓拾级而上，山里草木葱茏，鲜花满地，鸟鸣啾啾，隐约传来溪水的叮咚之声。禅师问道："你闻到花香了吗？"

学士深吸一口气，清新的香气扑鼻而来，再放眼四周，满目皆是姹紫嫣红，令人心神愉快，"当然闻到了，真是沁人心脾！"

他们继续向上攀爬，禅师没再多言。终于，他们爬到了山顶，只见群山青翠，连绵不绝，薄雾缭绕，白云悠然。禅师问："你看到这美景了吗？"

学士回答道："当然！真是'一览众山小'！令人心胸开阔，心神愉悦。"

禅师点点头，笑着说："你和我一样闻到了花香，一样登顶远眺，看到了一样的风景，所以，我并没有对你隐瞒什么呀！"

学士登时愣住了，随后醒悟过来。

其实，禅师并没有什么处世秘诀，也可以说，禅师的处世秘诀非常简单：珍惜眼前每一刻的洒脱，当下每一处的自在。如果时刻都为俗念所累，不是遗憾过去，就是怅惘未来，那么绝对闻不到美妙的花香，看不见动人的美景，只会两眼不见、充耳不闻，自然无法领悟"处世秘诀"，无法拥有轻松自在的当下。

🔵 慢享一刻

一位哲人曾让他的学生们去麦田里寻找最大的麦穗，但他规定，只能一路走过去，不可以回头。于是学生们顺着田垄向前寻去，他们的身边有许多饱满壮实的麦穗，但许多人都犹豫不决，不知采哪株麦穗才好，总觉得前方会有更大的等着自己。于是，等他们迈出麦田时，许多人手中空空如也。哲人笑笑，对学生们说道："麦田里有无数又大又美丽的麦穗，但你们总想着前面还有更大的，于是只能一无所获。其实，每一刻里，都有属于你们自己的'大麦穗'！"

在下一秒钟，命运的齿轮会如何转动？没有人知道，没有人能够预料，而这一秒，却实实在在地摊开于眼前。能在这一秒创造多少美妙的回忆，才是可控的。人们常常忙着规划未来，去做一些遥不可及的梦，但若不珍惜当下，认清自己所拥有的筹码，无根梦境总是无法实现。叔本华坚信"不沉湎于过去，不牵挂于未来"的重要性，他认为，人类无休止地追求满足欲望，但当欲望得到满足时，很快又会感到空虚和不满。这种不满足感源于内在的欲望和需求，而这些欲望永远不会完全得到满足。人有时忍不住后悔，但过去如水中映月，伸手去捞取，只有一手清凉，满池碎梦，无所收获。

人生短暂，光阴如金。珍惜当下的每一刻，心自然会开出鲜明的花、生命之树自然葱茏。人生最重要的时刻就是当下，最重要的事就是手边、眼前的事。不要总是留恋过去，或者担忧未来，因为如果不能珍惜当下所有，必将错过一个又一个生命的美好。

人生坎坎坷坷，经历风风雨雨，哪怕历尽磨难，不屈不挠前进，纵然难达目标，但已享受过程。人生世事无常，只求踏实做人。昨天，过去了，不再烦；今天，正在过，不用烦；明天，还没到，烦不着。

珍惜当下每一秒，每一刹那就可以成为永恒。

6.生活在当下，而不是想着明天如何生存

"生存"与"生活"，一字之差，有天壤之别。

生存指活着，但不在意什么生活质量。

生活是鲜艳的、生动的，是用心体会这个世界的一切，享受生命中的美好时刻，人会获得从心底涌出的暖意与愉悦。

有段时间，有关"生存与生活"的话题火遍全网，许多打工族都哀声叹气，表示自己只是在麻木地生存，一点都没有生活质量。

◯ 慢享一刻

一位大叔在河边钓鱼，优哉游哉，好不惬意。一个年轻人路过此处，闲来无事，便与大叔攀谈起来。年轻人问："您一天能钓到多少条鱼呢？"

大叔回答："不知道，我钓到 30 条就回家。"

年轻人问："为什么？"

大叔回答："因为 10 条我自己留着吃，20 条卖掉，刚好够我生活。"

年轻人不解："可是，多钓一些鱼，多卖些钱，不好吗？"

大叔问："多卖那些钱做什么呢？"

年轻人说："你可以多卖些钱攒起来呀！每天都能攒一些，积少成多，你就有钱买渔网、渔船，然后就能出海捕鱼了！捕到更多的鱼，赚更多的钱，就可以组建自己的公司，积攒足够多的钱，就可以衣食无忧，放心退休了！"

大叔道："攒了那么多的钱，我退休之后能做什么呢？"

年轻人说："你就可以每天都悠闲地出门散步、钓鱼，想钓多少鱼，就钓多少鱼了！"

大叔说："可我现在就是过着每天都悠闲地出门散步、钓鱼，想钓多少鱼，就钓多少鱼的日子呀！"

有些人不自觉地用世俗的眼光，用通用的标准去看待世界、看待自己，他们用现在的生活作抵押，忍受着味如嚼蜡的生存，去换取不知何年何月能够实现的悠闲生活。这显然是本末倒置、得不偿失的做法。我们并非主张放弃当下生活，而是倡导人要在享受今天的同时，合理地为未来做积淀。

英美地区有句俗语，叫"savor the moment"，意为"品味这一刻"。这句话实在很妙，"savor"代表认真去体味、享受这一刻。而"moment"更是重点——此时此刻，你要怎么度过？是品味、享受，还是弃之如敝屣？

"moment"是需要赚出来的——充实的一天是一天，百无聊赖的一天也是一天，但它们的含金量却天差地别。周末放假时，躺在床上手机一刷就是一天，清晨变黄昏，才发现自己什么也没做，就连积攒了一周的脏衣服都没洗；而安排好行程，把家里打扫干净，然后在窗明几净间看看书、品品茶，再出门享受自然的气息。前者其实是在回避生活，后者才是享受生活。

每个人的一天都是 24 小时，这一点十分公平，每一分每一秒如何度过，全看自己。对每个人来说，24 小时的长度是相同的，但这 24 小时的厚度是大不同的。

要想真正地活在当下，真正地过好每一时刻，首先需要做的便是改变自己的心态。只有积极乐观、充满正能量，才能时时发现生活中的小美好。多和具有正能量的人做朋友，倘若与负能量的人同行，一路都是阴霾与埋怨，会令人沮丧烦恼。其次学会发泄自己的情绪，找到适合自己的解压方式。生活在如今这样快节奏、信息爆炸的社会里，人们的情绪也变得敏感起来，更何况人生不如意之事十之八九，不妨试试运动、读书、做手工等容易的解压方式，为自己的情绪找一个宣泄的出口，给心灵减减负。再其次给自己定一些小目标，切记，一定要是短期内可以实现的切实的目标。在实现每一个小目标之后，都会感到由衷的喜悦与成就感，这会帮助自己建立自信，获得更多的快乐。最后，一定要建立正确的金钱观，并教会自己劳逸结合。

生活无须多高的薪资，幸福也从来不是建立在物质之上。幸福是从内心发出的、知足安然的一种心灵状态。许多无法享受此刻的人，总会自我催眠：等毕业就好了，等工作就好了，等有钱就好了，等孩子大了就好了……但残酷的事实是：如果现在只知道逃避，麻木地过活，那么永远也不会好！

不认清自己，不认清此刻，不认清生命真相的人，永远也无法获得幸福，因为他们没有认清人生的本质，他们的心灵还未清醒，只是一具肉体存于世间罢了。

亲爱的朋友，请把精力放于此时此刻吧！享受生命每一刻的不同，细细体味每一刻的生命，去"savor the moment"！

7.当下，即全部

当下，这个词原本深植于佛教的语境之中，它指代的是此刻，即身处所在的瞬息万变的瞬间。

"当下"是佛经里面最小的时间单位，1 分钟有 60 秒，1 秒钟 60 个刹那，一刹那有 60 个当下，1 秒钟有 3600 个当下，把时间切到很小很小的单位，当下就是永恒。

什么叫活在当下呢？

在这个瞬息万变的世界里，你永远无法预知意外和明天哪个会先到来。别说明天，就连十分钟之后会发生什么，都无法准确预料。未来的未知，过去的逝去，都如同镜花水月，虚无缥缈。

人能活着和感觉到的只有当下。唯有当下，才是真实可感的，才是能够把握的，才是值得细细品味、用心去生活的。没有人生活在过去，也没有人生活在未来，现在才是生命确实占有的唯一形态。

在人生的长河中，人能真切感受到、把握住的，唯有当下这一刻。过往的岁月，已成历史，留存在记忆的深处，成为心智中那些被标记为"前度"的轨迹；而未来，则如同海市蜃楼，是心中描绘的一幅幅蓝图，是对当下的想象与投射。

关于当下的诠释，还有另一种说法，它将"当下"与"刹那"视为同一概念，进而将"刹那"等同于"现在"。人生，便是由这一连串的刹那所串联起来的连续画卷。日本哲学家岸见一郎在其著作《被讨厌的勇气》中，借哲人之口给出了一个生动而深刻的比喻："请不要将人生视作一条直线，而应将其视为点的连续。当你用放大镜去观察用粉笔勾勒出的实线时，你会发现，那条看似连贯的线，实则是由无数紧密相连的小点所组成。同样，看似如线般延展的人生，也不过是无数刹那的连续。换言之，我们的人生，只存在于每一个刹那之中。"

刹那，即现在，它既是过去的延续，也是未来的起点。在这个意义上，过去和未来仿佛变得虚无缥缈，唯有当下才是真实可触的。人们谈论现在，正是因为过去与未来在某种程度上都是不存在的抽象概念。决定命运的，既不是已经逝去的昨天，也不是尚未到来的明天，而是今天正在经历的"此时此刻"。

还有一种更为直接的解释，将"当下"与"今天"画上了等号。活在当下，并不意味着要彻底遗忘过去，或是忽视未来，而是要在"今天"这个立足点上，既回望过去的足迹，又眺望前方的道路。活在当下，是一种对生活的深刻领悟，它不要求从生命中抹去过往的点滴，也不忽视未来可能绽放的光芒，而是让过往与未来都因今天的存在而富有意义。

"当下"这一时刻，是生命中最为神奇的存在——尽管它并非某种实体。人们试图用时间来衡量它，却发现它太过微小，转瞬即逝，难以捉摸，却又在某种意义上永恒不变。对于"当下"的理解，有人用"观自在"三个字来概括。观自在，即观察自己内心的自在与宁静，这种观察，正是对当下的全然接纳与体验。

这既是《般若波罗蜜多心经》开篇"观自在菩萨，行深般若波罗蜜多时"的精髓所在，也是对当下最深刻的体悟。

活在当下，要将当下深深植根于内心。此时此刻，无论你身处何地，无论你正在经历什么，你的感受、你的思维，以及发生在你身上的每一件事情，都组成了当下。然而，对于大多数人而言，当下往往被视为一种抽象且缺乏趣味的东西。他们总是习惯性地沉浸于过去的回忆中，或是忧虑未来的不确定性，忽略了当下这个最为真实、最为宝贵的瞬间。

人无法改变过去，也无法完全控制未来，但可以选择活在当下。能够决定命运、改变生活的，只有此时此刻的自己。过去已成历史，未来尚未到来，真正能够拥有的，唯有当下。

这就是人生的真谛所在。它不允许你后退，更不允许你徘徊不前。当机会来临时，要毫不犹豫地抓住；当需要放手时，也要勇敢地放下。

如果你想要过上从容不迫的生活，最好的做法就是将生活的重心放在当下。不要总是沉浸在过去的回忆中无法自拔，也不要过度忧虑未来的不确定性。你应该将你所有的感受，都集中在你正在经历的每一个瞬间上，珍惜你身边的每一个人，珍惜生活中的每一份感情，珍惜你正在度过的每一天。只有活在当下，才能真正体会到生命的美好与意义。

允许一切发生的勇气，是最珍贵的能力

1.顺其自然是最难得的心态

《小窗幽记》有云："胸中只摆脱一恋字，便十分爽净，十分自在；人生最苦处，只是此心；沾泥带水，明是知得，不能割断耳。"

只要能够摆脱这个"恋"字，便能得人生之大智慧，达到一种自由自在的境界。这"恋"字到底代表什么？那是对完美的期待，是对富贵、权势的执着，是对悲伤、痛苦的怀念。这些执着的心境如同无形的枷锁，束缚着人的心灵，使人无法释放真正的自己，无法真正地享受生活。只有抛掉这些无益的执着，人心才可畅然豁达，无所畏惧。

人们总是放不下许多东西，也总恐惧未知的事物。但是，放不下的终将随时间远去，恐惧的事总会来到眼前。世间的事，本就是祸福相依，难以预料，不如顺其自然，任他楼起楼塌，不拖泥带水，明明白白看待人生，当断则断地洒脱过活。

人情好似薄纸，轻轻一点便会破碎；世事仿若棋局，每次开盘都会不一样。世态炎凉，人心难测，便不必去强行维持什么。树上的新叶生出，变绿，泛黄，坠堕；枝头的花苞盈放，凋落，终变成泥。四季变换，时光流转，人力不可挡也，自然也不必念念不忘。若沉溺于挽留，便白白扔了时光，独留一声空叹。

贾平凹曾感慨地说："人生的短促和悲苦，大义上我全明白。"

是啊，大义上全都明白，明白归明白，又有几人能做到顺其自然，随性而为？

幾米说："我担心的事情真多，但发现真的值得担心的事并不多。倒是我没担过心的事，却突如其来地让人担心不已。"

到底该担心什么，担心多少，还是什么都不管不顾，都不必担心？担心与不担心之间的限度，需要自己去发现、去度量，就好像自己的人生只能自己行走一样。

顺其自然，是最简单的箴言，也是最实用的人生智慧。有就有，没有就没有，不执着，不奢望。顺其自然，好比无为而治，是"无为法"。

"境由心造，心随境转"，许多痛苦与烦恼都是自己无端生出的，就像作茧自缚一般。让心灵全然放松，信任自己的处事方式，信任自己的心性，信任自己的感受，心灵自然会做出它的选择。顺其自然的确是说起来容易做起来难，这种境界需要人提升智慧与悟性，但无须心急，尽可随缘随性而为。

"春有百花秋有月，夏有凉风冬有雪。若无闲事挂心头，便是人间好时节。"生活时时处处都有美好，但也有污秽，就好似有阳光，就有阴影。那么是看到阳光欣然享受，还是看到污秽默默忍受，这完全取决于自己的心态。

日本的森田正马教授提出了"森田疗法"，这是一种治疗强迫症、焦虑症的心理疗法，又叫禅疗法、自然疗法。慢慢地，人们发现"森田疗法"并不是简单的心理治疗法，更是人生的学问。

"森田疗法"的核心内容便是"顺其自然、为所当为"。

所谓"顺其自然"，并非随心所欲。情绪不是可由自己的力量所能左右的，悲伤的时候想要变得愉快，是勉强。反之，极度愉快时，想变得悲伤，也是不可能。对不能被自己的力量所左右的情绪，并不逃避，顺其自然地接受，用行动去做应该做的事，这就是顺其自然。"森田疗法"要求人们把烦恼等当作人的一种自然的感情，顺其自然地接受和接纳它，不要当作异物去拼命地排除它。否则，就会由于"求不可得"而引发更强烈的痛苦。

当把这些准则放在人生中时，会发现也无比实用。接受苦难，任凭风吹雨打，依旧心思澄明，该做什么做什么，逆境自然会过去，也没耽误自己做事情。接受欢愉，任权势滔天，依旧守护初心，该做什么做什么，即使富贵消去，也并不觉得可惜，心中依然恬静。这不是恰好契合了范仲淹的"不以物喜，不以己悲"的境界吗！

尽人事听天命，是一种缘分。这一生，你会遇到无数的人，偏偏有一些人走进了你的生活，走进了你的心，这就是缘分。也有一些人自然地走散了，或者一开始就互相看不顺眼，排斥远离，这也是顺其自然。

要记住：顺其自然不是什么都不做，努力改变可以改变的，但不是强求，而是为所当为。

2.放下名为"完美"的包袱

从小，大家好像就在学着做一个"完美"的人——从拼音学起，发音要整整齐齐、一模一样，写下"天、地、人"三个字，一横一竖，要横平竖直，与"田字格"紧密贴合，分毫不差。不可以犯错，不可以出格，不可以生气，不可以无理取闹，不可以哭，也不可以笑得太大声，不可以踏出生活的舒适圈半步。我们被以"圣人"的标准规训，努力成为老师和家长眼中"完美"的小孩，再大一点，要成为他们心中"完美"的人。

中岛敦在《山月记》中说："我深怕自己本非美玉，故而不敢加以刻苦琢磨，却又半信自己是块美玉。故又不肯庸庸碌碌，与瓦砾为伍。"

💬 慢享一刻

有些小孩会逃避考试，但令人想不到的是，逃避考试的孩子往往是那些成绩优异的。

我一个表弟，平常学习非常用功，成绩也很好，高中时仍名列前茅。但是有一天，他妈妈意外地接到老师的电话，叫她赶紧来医院——孩子在班级喝下了驱蚊液，已经被送到医院洗胃了。表弟妈妈着急赶往医院。她不敢相信也毫无头绪：孩子为什么要做出这样的事？在耐心的沟通下，表弟终于说出了伤害自己的原因：不想参加月考——他始终无法拿到第一名，无论多么用功，刷多少套题，只能保证在前十名以内。他想拿第一名，在班级里也说了愿望，但自己心里认为，还是拿不到第一名的。恐惧与渴望中，他选择伤害自己，逃避考试。

这种一直追求完美的心理，无疑是病态的。因为没有人能做到完美，也鲜少有人能达到世俗意义上的完美。若追求失败，便会沮丧、失落、郁郁寡欢，或是焦躁不安、暴怒狂躁。如此反复，导致的最坏结果，便是开始惧怕事情的开始，躲避任何不必要的际遇，在有趣的世界面前缩起手来，生怕开始着手后的结果是不完美的。这造成了两种极端——要么不做，要么必须做得完美。但在现实生活中，后者常常难以如愿。所以，最最糟糕的情况就会出现：自己把自己束缚起来，手脚都绑得紧紧的，不去尝试任何事。

● 慢享一刻

有一个圆缺了一块，它有些自卑。别的圆完完整整，滚起来飞快，从它身边飞驰而过，只留下一连串的嘲笑声。缺了一块的圆默默滑动着身体，它也想奔跑，但害怕残缺的自己跑起来，惹人嘲笑。于是它只低头默默地寻找属于自己的一块。这一路上，它走得很慢，看到了沿途的美丽风景，它与土地拥抱，与青草跳舞，和小虫聊天，它享受着阳光的抚慰，感叹清风的美好。一路上，它收集了许多碎片，但都不能完美地契合自己，它没有放弃，继续找啊找啊，虽然因为走得慢而看到了更美的风景，但它仍然为自己不是完美的圆失声痛哭。

它实在太想和其他的圆一样奔跑了，它用泥土将一块三角形的石头包裹住，捏出弧度，硬塞进了自己的缺口里，勉强成了一个看似"完美"的圆。它滚动起来，很快就赶上其他圆了。但是，"完美"的它滚得太快了，所有景物都无法让它驻足，它无法悠然散步，无法去闻闻青草的清香，无法去触摸岩石的冷峻，也没有时间观察星星如何闪烁、月亮何时从云彩后面走出来。

它有些迷茫，除了飞快地奔跑，它不知道自己还要做些什么。这时它发现，其他看似完美的圆，也都千奇百怪：有扁一些的圆，有长一些的圆。哦天！它甚至看到了和自己一样，用泥巴糊住缺角的圆！

一阵钻心的疼痛袭来——原来泥巴掉得差不多了，它的身体磨出血来。它默默地、坚定地把石头拔了出来，露出来自己的缺角，然后慢慢地、自在地，前进起来。

人总想成为完美的人，这是一种美好的愿望，无可厚非。但是，在面对自己的不完美时，也请不要颓丧，不要久久地苦闷于对完美的追求。不完美才常见，不完美才造就了每个人独特的个性。人们总会在大的得意中在意小的失意，但后者与前者比起来，可能微不足道，却令人忍不住去在意、忍不住去怨叹，忍不住因那一点点的不完美惊扰了美好的世界。

季羡林说：“每个人都争取一个完满的人生。然而，自古及今，海内海外，一个百分之百完满的人生是没有的，所以我说，不完满才是人生。”“人有悲欢离合，月有阴晴圆缺”，还有一首歌唱道：“你不必太完美，我不必太完美，人性的可爱就是不能完美。"

事实就是，生活中处处都有遗憾，这才是真实的人生。

3.不要因为怕摔跤而放弃奔跑

人们总是害怕做出错误的决定，这种害怕像一张无形的网，紧紧束缚着人们的手脚，让人们在遇事时畏畏缩缩，不得要领，茫然无措。在这样的心态下，人们往往越是想避免错误，就越是容易做出错误的决定。这种对错误决定的恐惧，进而会演变成对选择的逃避，对追逐梦想的胆怯。人们害怕承担选择带来的后果，害怕失败后的嘲笑和指责。于是，选择了原地踏步，选择了安于现状，但在心底深处，默默羡慕着那些勇敢追梦、不畏艰难的人。

🗨 慢享一刻

一个老人挑着扁担在街上走着，扁担的两头，是摞起来的瓷碗。突然，一个瓷碗掉到地上摔碎了，可老人头也没回，仿佛什么也没发生一般，继续向前走。

路人见状，纷纷投来好奇的目光。一个热心人追上老人，急切地说："你的碗碎了！你都没发现吗？"

老人只是淡淡地点头："嗯。"

路人追问："你的碗碎了！你怎么不停下看一眼呢？"

老人答道："我再怎么看，它也是碎了。"说罢继续向前走远了。

老人没有因一个碗而停下脚步，这是非常有智慧的做法。如果他停在原地惋惜不已，弯腰去捡拾那些已经没用的碎片，那么他的担子很可能会因为失去平衡而瞬间倾倒，导致更多的碗碎掉。

为了一些小插曲耽误正事，是最愚蠢的做法。老人知道自己的目标是将大多数碗送达目的地，便不去理会一个或几个碗的破损。做事时，要明白自己的目标是什么，不要因为小小的意外打扰向前行进的状态。

慢享一刻

从前有一位富商，十分有钱，他的财富越积越多，他的烦恼也越来越多，他害怕自己的钱在生前花不完，死后又带不走，白白便宜了别人。于是他遍访名山，寻医问药，拜佛求道，寻找长生的方法。

有一次，他真的遇到了一位仙翁，询问仙翁长生之法。仙翁只留给他四个字："积德行善"。从此以后，富商广散钱粮，救济贫苦人，还修庙建寺，供养僧人。他日日跪在神像前祈祷，上的香名为"马蹄香"，要九文钱一支。数年过去了，富商的家底几乎都要花完了，但他还是虔诚地每日焚香。

后来仙翁知道了这件事，就想点化他，仙翁化作一个卖姜的老头儿蹲在富商门口等待。富商出门时看到卖姜的摊子，便走上前去想买姜。老头儿拿了一些姜挂在秤上，对富商说："我这老人家眼睛不好了，你看看是一斤姜不？"富商看了看，分明是三斤姜，但对老头儿说："是一斤。"看老头儿把这姜装好，富商起了贪念，又让老头儿再称，共要了三斤姜，实际是九斤，只付了三斤姜钱。

富商喜滋滋地拎着姜要回家，却见那老头一眨眼化为仙翁，痛心地说道："仅仅九斤姜，抵去三年马蹄香！你虽然积德行善多年，但一念之差，便让所有的功德化为乌有。"富商闻言，顿时如梦初醒，懊悔不已。

很多时候，辛辛苦苦积累下来的"功德"，却因为日常小事而"破功"。要管理好自己的行为，明确心中的目的地，切勿因小失大。"仅仅九斤姜，抵去三年马蹄香"，那些艰辛的努力，因一时私欲便化为乌有，再怎样抱头痛哭、懊悔不已，又有何用？

🗨 慢享一刻

有人问农夫："今年你种麦子了吗？"

农夫答："没有，我怕天不下雨，麦子会旱死。"

那人再问："那你种棉花了吗？"

农夫答："没有，我怕虫子吃了棉花。"

那人又问："那你种了什么？"

农夫答："我什么也没种，这样最安全了。"

因怕不下雨、有虫子而放弃种植。等到秋天，不难想象农夫饿着肚子看别人的田地丰收的时候，会是何等懊悔。

不愿意去尝试、做出行动改变的人，自然会一事无成。

愿望催促着人们向前，内心的强烈呼吁，加上笃定的行动，方能成功。怀着强烈的期望，不断地、透彻地思考，聚精会神地、一心一意地奔跑，这就是事业成功的原动力。

不因碎掉一个碗而停留，不因一点蝇头小利而丢掉长久的积淀，不因害怕自然的无常而放弃耕种。做任何事，只要认为自己要做，便应该锁定目标，一往无前地勇敢去前行。即使付出一切努力追逐，跌倒了再爬起来。沿途风景很美，不要因为一些小安逸停下脚步，也不要因为一些偷懒的小想法放弃奔跑。

相信自己，想做就去做吧，勇往直前，不要因为害怕摔倒而放弃奔跑！

4.不知痛苦，就无法感知快乐

谁不希望每天都开心快乐？但纵使如小婴儿一般不懂世事，每天只需别人来满足自己的需求，也会有奇奇怪怪的烦恼，随即在梦中委屈巴巴地啜泣起来。痛苦是人生无可避免的课程，人在痛苦中会更加快速地成长起来。

慢享一刻

一个男人遭遇了一场车祸，伤到了头，医生迫不得已为他做了开颅手术，并告诉他，有一个好消息和一个坏消息。

男人好奇地询问，医生告诉他："好消息是，你成功地活了下来；坏消息是，你永远也感受不到痛苦了。"

"永远也感受不到痛苦？为什么？"

"你的大脑受到冲击，负责情感的部分受伤，我们虽尽力修补，但负责痛苦的部分受到了不可逆转的伤害，以后，悲伤、沮丧、难过、懊悔等负面情绪你都无法感受到了。简而言之，你失去了痛苦。"

男人有些高兴，并且不明白为什么这是一个坏消息。

从此以后，男人无比快乐地生活在世界上。什么事情都无法影响他的好心情，他永远带着笑容。

许多人都喜欢和他做朋友，因为从他这里永远都能听到积极的话语，痛苦在此处停止；但也有很多人讨厌他，因为他的笑容过于灿烂，他也根本不会设身处地地理解别人的痛苦，所以他的一切安慰与同情都是虚伪的。

有一天，他遇到了一个姑娘，并迅速坠入爱河。他与女孩两情相悦，女孩也很爱他，会与他分享生活中的许多趣事与欢乐。

但是，女孩与他不同，虽然相处得很高兴，但还是会感到痛苦。

他逐渐发现，女孩的笑容越来越少，时常愁眉不展。"亲爱的，你这是怎么了？"他关心地询问。"没什么，只是情绪有些低沉吧。"他更不理解了："到底怎么啦？"女孩说道："只是感到很累，一些事情令我很痛苦。""请告诉我，我能做些什么？"他眼里含笑地问。"我也不知道，我只是很痛苦。"男人迷茫地看着女孩，他无法感受痛苦，也早已忘了痛苦是什么感觉，他无法感同身受，更不理解女孩的情绪。

这样的事情发生了几次，不论女孩只是描述自己的情绪，还是具体描述自己遇到了什么事，为什么因此痛苦，男人都无法共情，只能默默地微笑。

久而久之，女孩终于崩溃了，她绝望地离开了男人，而他只能轻轻地说："对不起……"

一位心理学家曾道出这样一番话："当一个人穿越了苦难的

深渊，若他选择不去亲身体验那份痛楚，不去深刻感受那份哀伤，那么他的心灵便无法真正触碰到痛的实质。如此，这份未被消化的痛苦，便如同无根之木，无源之水，最终只能被无奈地投射到与他紧密相连的另一人身上，或是以一种更为隐秘的方式，传递给下一代，成为他们生命中难以承受之重。"

痛苦，这世间的无常之味，有时如狂风骤雨般来自外界的侵袭，有时又如暗流涌动，源自内心深处的挣扎与矛盾。有时来自他人，有时来自自己。但无论从何处来，你都需要合理、及时地处理好自己的痛苦。故事中的女孩感到痛苦，会自然而然地向自己最亲密、最信任的人寻求帮助。但她爱的人显然不具备理解她的痛苦并帮她排解的能力，于是这份痛苦越来越重。

痛苦，基本都是源于自己的无能为力，是内心深处那份对无能为力的愤怒与不甘。人生中的生离死别，那些无法用意志去撼动的命运巨轮，人只能被迫接受，默默承受。而正是这份对自我无能的愤怒，如同烈火烹油，催生出巨大的痛苦，令人在黑夜中辗转反侧，难以入眠。

人想要逃避痛苦，本质上是在逃避那些生活中不如意的琐碎，情感中的磕磕绊绊，学习上的屡战屡败，工作中的力不从心，以及那些被迫接受的分开与离别。只有感到痛苦，才能注意到痛苦的根源，从而着手去做出改变。若感受不到痛苦，便如同盲人摸象，无法真正看清生活的全貌，也无法意识到自身存在的缺陷，更无从谈起去改变现实，去拥抱更好的自己。

其实，相比于无能，人也害怕自己的懦弱。懦弱意味着不敢正视自己的痛苦，不敢正视，改变就无从谈起。

没有人愿意一生平凡，打破平凡、在平凡中挣扎向上的过程里，痛苦最为剧烈。但这份痛苦，也会催生出更强大、更坚韧的力量。有很多痛苦是因为悔恨，因为以前错过了选择，所以对今天的结果懊悔不已，对现在的痛苦感受更加深刻。

面对痛苦，要认清世间的参差多态，才是幸福本源。来人间一趟，总要多感受一些情，多看见一些苦，才能知道人与人之间的情感链接是何等密切，才知道甜是多么难得和美好，方才懂得珍惜。

对待人生，不妨大胆一点，别怕痛，别怕苦，反正你我皆过客，总要体验，最后也都会离开。痛苦不会突然就变得可以坦然接受，只是随着时间的推移，相比从前或许能多一分从容，多一分淡然。

内心的痛苦，和许多精神上的缺失一样，需要用东西去充实填补。可以是认识自己，也可以是探索世界。要以发展的眼光审视问题，以充实自身的方式来解决问题。如此，既能解决眼前的痛苦，也同样能面对未知的苦难。

5.如果恐惧是最大的敌人，那它也是最好打败的

恐惧是人类内心最深处的阴影，它阻碍人追求梦想，限制人的成长。然而，真正的勇者并不会被恐惧束缚，而是能够勇敢面对恐惧，进而战胜它。

恐惧好似一个狡猾的对手，总是在不经意间发起突袭，令人汗毛竖起，瑟瑟发抖。现代人的恐惧症，除了天然的害怕黑暗、猛兽等威胁外，有时还会被自己的弱点吓倒，使自己陷入困境。

"社交恐惧症"是一个名副其实的"热词"，许多人都争先恐后地为自己贴上"社恐"的标签，以逃避不想面对的场面。可是，逃避、退缩并非上策，失去了向上社交的机会，可能好的际遇就这样被自己拒之门外了。

慢享一刻

小可是一个十分内向的人，没有什么朋友，不敢去、不想去人多的地方。特别是逢年过节，亲戚里道坐在一起拉家常时，小可总是僵硬地缩在妈妈身边。

进入大学之后，小可依旧有些孤僻。这种孤僻已经开始影响她的生活：浑浑噩噩地上课、躺在寝室里学习，不知道自己还能参与什么活动。

有一次，小可刷到了同校社团的宣传视频，其中的辩论社团

深深地吸引了她，他们在辩论时的那种神采飞扬、自信优雅，实在令人折服。

小可如静湖一般的生活，被辩论这件事搅出了漩涡，心痒难耐。但小可是一个和陌生人交流都胆怯的人，她不知道自己如何能与团队并肩奋战，舌战群儒。

小可决定改变。克服恐惧的最好方法就是战胜它，如果恐惧是现在阻挡她实现愿望的最大敌人，那么战胜它就是实现愿望的第一步。

小可"豁"了出去，在生活中不停地强迫自己与他人交流。从积极回答老师的问题，到上台讲解PPT，甚至尝试在校园广场上演讲；去校外找了发传单的工作，主动向陌生人介绍不同的产品。逐渐地，她从面红耳赤地从座位上站起来都困难，到可以自信流畅地在讲台上讲述自己的课题。每一次尝试之后，她都能感受到战胜恐惧的快感。她也逐渐迷上了这种感觉，不断地挑战自己、战胜自己，最终摆脱"社恐"，成了一个"社牛"。

在下一年的社团成员招募中，小可通过层层选拔，终于进入了心慕已久的辩论社团。当和小伙伴们并肩而立，奋战在辩论赛中的时候，小可心中深深地感谢当初那个勇敢的自己。

真正美好的转变往往是痛苦的，有所挑战才有所振奋，才激动人心。只要你想去改变，敢于尝试，真的去改变，就能将自己的恐惧踩在脚下。

有时，你太在意一些东西，在巨大的压力下，令自己的期待变成了恐惧，反而不利于事情的发展。

◯ 慢享一刻

有一个朋友是职业培训师，她刚入行时就机缘巧合地接到了一个大单，一所知名高校邀请她去讲课。她一开始十分高兴，还很兴奋，但她很快陷入了恐惧之中。她太担心了，担心自己会讲不好，会砸了公司的招牌。但其实，她是足够优秀的，从单位领导到学校方面都很信任她，她只是缺少点经验，并被名校的头衔震住了。去名校上课的时间一天天临近，她的恐惧越来越浓，甚至吓得她想推掉这份工作。

后来，她强迫自己把恐惧先放到一旁，不要去想它。她开始仔细地准备课程，准备稳妥后就该做什么做什么，不去时时担忧课程的效果。慢慢地，她发现自己没有那么害怕上课了，还生出了许多期待。果不其然，上课十分顺利，她担忧的问题一个也没出现。

有句老话说："行动，是治愈恐惧最好的良药。"我们在面对挑战时，就要采取行动，战胜恐惧与焦虑，成为更好的自己。

这位培训师朋友是幸运的，她及时发现了自己应该调整状态，从恐惧的泥潭中脱身出来。

◯ 慢享一刻

有一次，小张要参加一个非常重要的面试。她准备了很多资料，甚至请了专业的老师来指导自己。小张太重视这次面试了，她在心里无数次预演，面试官会提什么问题，她应该怎么回答。

一开始，小张只想通顺地回答问题。但是，打听到对手有多优秀之后，她开始害怕、焦虑，认为自己的准备太过普通，表现肯定不出彩。于是，小张下了很大的功夫去提高自己的表达，对自己的要求也从通顺变为流利，想象自己出彩的表现。

日复一日的预演中，小张开始害怕回答不出问题，害怕别人比自己更强，害怕磕巴，甚至害怕面试那天下雨，雨水会打湿裤脚，没办法美美地出现在面试官面前。

不出意外，在恐惧的强大压迫下，小张的脑子一片空白。胃也完全被恐惧攥紧了，狠狠地疼了起来，面试时磕磕巴巴，表现得一塌糊涂，最终落选。

人人都会感到恐惧，这是自然的情绪反应，但若不能好好处理这份情绪，就有可能被它打败。

恐惧让你没有勇气踏出自己的舒适圈，不能去做想做的事，限制了你的行动力。当肾上腺素疯狂分泌的时候，身体必然会产生一系列反应，但大脑要理智，要去控制自己的思想。

如何战胜恐惧？每个人都可以摸索出自己的方法。你可以尝试不那么关注自己。过分的自我关注会让人只看到自己的境遇，陷进恐惧的漩涡无法自拔。如果把注意力转移出去，看看天空的高远、看看高山的险峻、看看大海的壮阔、看看世间的人们、看看形态各异的人生，便能放开心胸，格局打开。

最害怕的事情，往往就是最应该去完成的事情。有一位朋友说："当你感到痛苦的时候，往往说明你正在做对的事。"没有什么事业是轻轻松松就可以干出来的，任何成功必然会经历巨大的痛苦、层层的挫折。只有战胜自己的恐惧，抛掉畏畏缩缩、胆怯不前的心态，才能昂首阔步、自信强大地走向更好的未来。

6.与自己和解，然后与世界和解

有许多人在探讨"他人即地狱"的概念，这一哲学命题自萨特提出以来，便如同一颗投入湖面的石子，激起了层层涟漪，引发了无数人的深思与争论。众说纷纭之中，有人将其解读为身边所有人的存在对自己而言都是痛苦的源泉，这无疑是一种极端的解读，甚至可能导向自恋的论断。

其实，萨特说"他人即地狱"，并不意味着身边所有的人对你而言都是地狱。而是指当你和周遭的人相处不愉快、难以调和之时，他人的影响便可能转化为一种对你的压抑和束缚。此时，他人对你而言，便如同地狱一般。

面对这种情况，并不是说要逃避现实，或是无视他人的存在，而是要在调整好自己的心态，保持自我独立性的同时，正确地认识自身与世界的关系，学会与他人和谐共处。毕竟，人是社会性动物，无法完全脱离群体而生存。要学会在尊重他人的同时，坚守自己的原则和底线，不让外界的纷扰轻易动摇内心。

💬 慢享一刻

一位善良的禅师看到一只蝎子掉到了水里，正在疯狂挣扎，马上想去救起来。可是刚捞起来，蝎子就蜇了他的手。禅师受痛松手，但毫无惧色，再次伸手救蝎子。旁边有人看见，劝禅师道："它老是蜇人，你救它做什么呢？"禅师回答道："蜇人是它的天性，而善是我的天性，我岂能因为它的天性，去放弃自己的天性。"

在现实中，有时会看到一些见义勇为的英雄反被指责的事情，大家都会替见义勇为者鸣不平。但是，依旧能看到许多好人好事、见义勇为的事例。世间会有与自己价值观不同的人，只要心中坚守自己的底线，自洽地面对这个世界，便不会因外界嘈杂的声音改变自己。

○ 慢享一刻

《美丽心灵》这部电影，讲述了主人公在学生时代患上了精神分裂，最终经过不断的努力，与自己和解的故事。电影主人公的原型是 1994 年获得诺贝尔经济学奖的约翰·纳什，他是一位在数学和博弈论上潜心研究的天才。

约翰遇到了很多不同的人，他受到了许多的否定，也饱受异样的眼光。上学时，约翰被同学们孤立，他便幻想出一位耐心开导他、陪伴他的室友，总归完成了自己的毕业论文；后来，他去了自己心心念念的研究室，但因为自己的病不被重用，这时，他又幻想出了一位军事长官，想象自己得到了社会的认可和国家的重用。一切的一切，仿佛都在诉说着他内心的渴望：期盼有人陪伴着自己，在遇到困难的时候可以鼓励自己；期盼自己所研究出的理论能得到大众的认可，并得到重用，从而体现人生的价值。

约翰在一步步与自己和解的过程中，遇到过许多阻碍，失败、放弃，但他为了实现自己的愿望与理想，找到了与自己和解的方式，最终得到了自己想要的东西。

在日常生活中，你的身边可能会有一些比较特立独行、很有个性的人。不必去声讨他们有多么"不正常"，有多么另类。如果自己的朋友属于很有个性的，那也不妨去试着理解他们的爱好，说不定你也会发现新的天地。

每个人的追求不一样，每个人的生活方式也不一样，不能渴求自己与别人一样，也不能苛求别人与自己相同。人类社会如此有趣的一大原因，便是这些思想各异的人。

"内卷"这个词曾风靡一时，之后又很快出现了"反内卷"的呼声，有人得意地为自己贴上"内卷"的标签，认为这是努力向上的表现；有人则对"内卷"深恶痛绝，认为它剥夺了自己的自由和快乐。不论是"卷"还是"不卷"，都是人们对自己与他人的归类。有人欣然把标签贴到自己身上，有人在别人试图给自己贴标签的时候愤然反抗。但，标签只是在你在意时存在，别人怎么说，有何重要？不必去为别人的话而忧虑，自洽之后，便可与世界和解。

别不服输、不甘心、不服气。你在较劲、后悔、缅怀过去上耗费了大量的精力，自然没有多余的精力去思考和判断，承认人与人的心智、段位水平是有差距的，与自己和解，接受自己的普通和平凡，在自己能力范围内尽量过好自己的生活，而不是一边盯着更好的，一边"摆烂"；一边对现实不满，一边又不想努力。

要用最适合自己的方式，去完成当下自己所应该去做的、想要去做的。人生不易，短短数十载，何必活在他人的只言片语中。在合适的年纪，做合适的事情，去追寻梦想，永远没有错。

7.挣脱情绪束缚，终将破茧成蝶

余华说："当你压力大到要崩溃的时候，不要跟别人讲，也不要觉得很委屈，因为没有人会持续心疼你。"在人生的旅途中，难免会遇到各种挫折和委屈。这些委屈如同突如其来的暴风雨，让人措手不及。它们可能源自工作的繁重与不公，学习的压力与挫败，家庭的责任与纷争，朋友的误解与疏远……它们有时源于一句无心之言，却在听者心中激起层层波澜；有时是巧合与误解交织的产物，让人难以释怀；有时是突如其来的挫败，让人心生绝望。面对这些委屈，有的人能够将其转化为成长的动力，有的人则可能因其一蹶不振，沉溺在凄凄惨惨戚戚的悲伤情绪中。

🗨 慢享一刻

一位朋友的母亲令她的所有儿女头疼不已。不是因为老人生病、被骗，而是因为情绪的不稳定。这位母亲为家庭奉献了大半辈子，也委屈了自己大半辈子。她似乎已经习惯了为家人隐忍，将所有的委屈和不满都深埋心底。

朋友的母亲已经年近七旬，在她的诉说中，与她有交集、有名有姓的人，都曾得罪、伤害过她，让她受了委屈。有时，儿女们只是说话声音大了点，她都能委屈地哭起来。她的委屈情绪如同火山爆发般突然且猛烈，一瞬间就能完成从"你凶我"到"你对我态度不好"，再到"我辛辛苦苦××你居然这么对我"，最后到"我的付出毫无意义""我好委屈"的全过程。这样的情绪反应让子女们感到无奈至极，他们在母亲面前变得小心翼翼、如履薄冰。面对母亲无休止的委屈与抱怨，子女们又能忍到什么时候呢？她的委屈正在消磨家人的爱意，最后的结果往往是不愉快的。

委屈，本质上就是一种认知平衡。

生活中，大家有太多的身不由己，面对压力，不得不笑脸迎人，即使强忍泪水也得继续在手机屏幕前敲敲打打，在卫生间里偷偷抹泪。

人世间，谁都会有压力，谁都会遇糟心的人和事，谁都会被压得喘不过气来。若你向世界去诉苦，究竟能有多少人会同情、怜惜你？

一个人的心胸和格局都是被痛苦和委屈给撑大的。人这一辈子，要经得起谎言的欺骗，受得了敷衍的冷漠，忍得住背叛的伤痛，忘得了虚假的承诺。要早一点学会给自己一个迂回的空间，学会思索、等待和调整。人生有很多时候需要的不仅仅是执着地追求目标，更需要回眸一笑的洒脱与淡然。

消化委屈，使其成为成长的动力，这是需要掌握的重要技能。

你需要学会接受现实。生活中的委屈在所难免，工作中、家庭中、和陌生人的交往中，委屈随时可能发生。要能接受并面对这些委屈，而不是逃避；学会反思自己，从自身找原因，总结经验教训，以便今后避免类似的问题；要将委屈转化为激励，将受到的挫折转化为努力的动力，提升自己的能力，积极面对生活。

如果你无法消化委屈，它就可能变成坏脾气的导火索。当你受到委屈而无法控制自己的情绪时，可能就会做出冲动的决定，对自己和他人造成伤害。

面对委屈，你需要学会掌控自己的情绪：可以尝试深呼吸、暂时离开现场、与朋友分享等，帮助自己冷静下来，消化掉那些酸涩的情绪。

8.人生得意须尽欢，莫使金樽空对月

如今，许多乖孩子知道要隐忍，要坚强，要内敛，要克制，打掉牙往肚子里咽，奋力拼出自己的事业。可是，他们不知道怎么处理快乐的情绪。或者说，没有人教过他们，怎么处理快乐。

他们被教育要低调，要谦逊，以至于在取得成就时，也习惯性地压抑自己的兴奋和满足。

一些家长喜欢用自己的委屈、辛苦"绑架"孩子，让孩子有负罪感、不"配得感"，他们经常强调自己的付出和牺牲，让孩子觉得享受成功和快乐很不应该。这样的孩子长大后，在面对其他人的赞美、感谢、热情时，往往只知道说一句"没有，没有"，虽然开心却下意识压下嘴角，想欢呼雀跃却只知道将拳头攥紧藏在衣袖里。他们害怕自己的快乐会引来他人的嫉妒或不满，害怕自己的成功会被视为炫耀。本该闪耀的庆祝时刻，就这样平淡地滑走了。

可你知道吗？你值得那样的欢呼，你也可以站在聚光灯下得意地大笑，高兴的呼喊。你的努力和成就，是你应得的回报，是你辛勤工作的结果。

费尽心血得到的东西，当然要大大方方地享用，当然可以让他人看到，让他人羡慕。太多人念叨着"枪打出头鸟""本本分分才安全"。可，人生能有几次"高光时刻"？年少轻狂，就是要在最美好的年龄，开出最鲜艳的花。

有一段时间，"配得感"这个词在网络上大火起来，引来广泛的讨论。"配得感"，也叫资格感，在心理学中指的是个体对自己应得待遇或事物的感知。简而言之，它是一种信念，即"我值得拥有，我坚信自己配得上这世界上最好的一切"。然而，这种充满自信的心态并不是所有人都能拥有的。

那段时间里，人们开始反思自己的成长经历，开始意识到，那些被压抑的快乐和成功，其实是自己应得的。有些人在评论区留下了自己的故事，许多人都忍不住泪水涟涟。他们发现，自己人生中的很多闪光点，都被"不配得"偷走了：

在爱情中，只敢选择比自己条件差，或者与自己条件相仿的伴侣，一旦遇到比自己条件好的人，就算再心动，也只是暗恋，没有勇气说出来，潜意识认为自己配不上这样优秀的人。如果真的与一个优秀的人建立了亲密关系，相处中也会处处迁就、疑神疑鬼，根本无法全身心地感受爱情的甜蜜。

在事业上，只敢设定比自己能力低，或者与自己能力相匹配的目标。心仪的公司、岗位，总狠不下心去争取，遇到需要超越自我的机会，也会开始打退堂鼓，觉得自己根本不可能有这样好的事。获得了一些成就，也只会感到内心不安，无法做到心安理得地去享受成功带来的荣耀……

其实，这就是"配得感"低的表现。

"配得感"低的人，不相信自己值得被关爱或成功，甚至在面对别人的夸奖或机会时，会感到羞耻，无法做到坦坦荡荡地接受。在构建亲密关系或追求成功的过程中，永远都会处于一种非常被动的位置上，看似在拼命维护或努力，但却无法获得真正好的、优质的亲密关系或卓越的成就。因此，低"配得感"的心态很容易在不知不觉间毁掉一个人获得感情和成功的机会。

生活中，会看到有一些人，他们能够心安理得地接受关心与关爱，从容地面对挑战与机遇。不会因为被照顾或给予机会，就感到愧疚，想马上用各种方式回馈回去。也不会在被照顾或给予机会的同时，患得患失，怀疑对方是否真诚，机会是否真实。而是能够真正地做到，所得即所见。其实这就是一个人高"配得感"的体现，高"配得感"的人不仅不会内耗自己，还会被对方更加尊重和支持。

心理学家马丁·塞利格曼曾在《真实的幸福》中提到：与爱一样，被爱同样是一种能力，但我们常常只关注了前者而忽略了后者。所以，当感受到自己被爱着时，不要感到不好意思，也不要感到怀疑。而是多在这种幸福中停留一会，学会去接纳它的存在，并相信自己配得上这样的爱和成功。

是时候放下那些无谓的顾虑，是时候释放那些被压抑的情感。你要学会在成功时骄傲地挺胸，学会在快乐时自由地欢笑。因为，你值得这一切。你值得拥有喜悦，值得享受成功，

生活是多面的，理应根据不同的情况调整自己的态度。在成功和得意时，不妨大胆地展现自己的自信和骄傲；在面对挑战和

需要学习时，也尽可保持谦虚和开放的心态。人生得意须尽欢，莫使金樽空对月。该自信的时候张扬，该谦虚的时候低调。人生是舞台，多华丽高贵的戏服都值得拥有，聚光灯也可能会打在你的身上。你本是焦点，又何惧闪耀?

第四章

知道“我”是谁，才能从容走过

1.对自己的人生负责

　　仔细想想，自己有多少日子都在庸碌中度过，有多少时间是真正为自己而活？尼采曾经说："每一个不曾起舞的日子，都是对生命的辜负。"人的一生何其短暂，倘若不竭力追求自己想要的，那么暮年之后，坐在藤椅上回忆自己的一生，又是否会后悔当初没有更加勇敢，做出另一种选择？

慢享一刻

　　一只住在华丽的笼子中的鹦鹉，每日只需要叫两声，便有主人送来水果与粮食。有一天，一只路过的乌鸦停在它的窗前，两只鸟便亲切地聊了起来。乌鸦想想自己饥一顿饱一顿，十分羡慕鹦鹉养尊处优的生活，而鹦鹉每天只能待在它的笼子里，连将翅膀完全展开都很难做到，十分羡慕乌鸦自由自在的生活。两只鸟便一致同意互换生活。

　　天生聪慧的乌鸦很快打开了笼子，进去开始大吃大喝，鹦鹉也兴奋无比地飞向了广袤的天空，自由自在地翱翔起来。

但是，乌鸦习惯了自由，也并不是真心想做笼中之鸟，只是被衣食无忧的生活迷惑了心智，等它厌倦了笼中的生活，想飞走的时候，发现自己已经胖得钻不出笼子门了，最终在笼中郁郁而死。鹦鹉并不真的厌恶笼子里的生活，只是对窗外的天空怀有好奇。没有高超的飞翔本领与觅食能力的鹦鹉，很快就冻死在了冷风中。

古希腊哲学家苏格拉底曾说："认识你自己。"他还留下另一句发人深省的话："未经审视的人生，是不值得过的。"不要盲目地相信别人的生活会更好，不要羡慕他人的幸福。俗话说"家家有本难念的经"，别人生活中的鸡飞狗跳不会明晃晃地摆在自己面前，那些生活也不一定会适合自己。不要去攀比，做好自己的事，享受自己的人生，才是最值得自己付出努力的。

认识自己，意味着鼓起勇气面对自己的内心，正视自己的人性，从里到外地剖析自己这个"人"。如此，便能明白自己能做什么，不能做什么。孔子说"修身、齐家、治国、平天下"，这是一位君子对自己人生轨迹的清晰描述，也是对自身责任的高度概括。

自己的心永远只属于自己，选择如何成长，成长为什么样的人，都是自己的自由。一旦悟透了自己，人生中遇到的许多问题，便会拨云见日般明朗起来。

人生在世，不免要面对许多责任。承担责任固然令人胆怯，但只有承担起这些小到对自己、家庭、亲戚、朋友的责任，大到对国家和社会的责任，才能真正对自己的人生负责。

无论医学如何发达，科学家又提出多少新的设想，每个人都只有活一次的机会，别人无法替自己活，自己也无权去浪费别人的生命。当认识到这个事实的时候，如何能不对自己的生命负责呢？

歌德说："责任就是对自己要求去做的事情有一种爱。"在工作中，某一个项目可以交给别人做，在家庭生活中，对孩子、老人的照护义务可以交由他人，但对自己的人生，每个人都只能完完全全地自己承担责任，丝毫不能依靠别人。对自己的人生有了责任感，便能对自己多出许多爱惜：珍惜生命，珍惜生活中的一切事物。

只有对自己的人生负责，认清自己、审视自我、了解真我，之后才能做到对家人、对社会负责。否则，一切理想计划都是镜中花、水中月，经不起人生的波涛涌动。

人生不过几十载，会面临许多考验，会有很多得到和失去，也会有许多成功和失败。无论命运如何跌宕起伏，站在人生的岔路口上，永远对自己的选择笃定，不后悔，不懊恼，肩负起对自己的责任，便能真的站成一个"人"。

2.不要做别人嘴里的自己

慢享一刻

一个青年问道长："如何才能变成一个自己愉快也能带给别人快乐的人？"

道长笑答："有四种境界，你可体会其中妙趣：首先，要'把自己当成别人'，此是'无我'；再者，要'把别人当成自己'，这是'慈悲'；而后，要'把别人当成别人'，此是'智慧'；最后，要'把自己当成自己'，这是'自然'。"

又有一青年向道长求教："师父，有人说我是天才，也有人骂我是笨蛋。依你看，我到底是天才还是笨蛋？"

"你是如何看待自己的？"道长反问，青年一脸茫然。

"譬如一斤米，在饼家眼里是烧饼；在酒商眼中是酒；在乞丐那里，就是救命的一顿饭。但米还是那米。"

青年豁然开朗。

自然之道谁也不能抵抗，违背的结果自然是痛苦。

把自己当成别人，披上不适合自己的外衣，学着他们的样子咿咿呀呀、长袖善舞，那就是丢了自我。

把别人当成自己一样去爱，的确是慈悲心肠，但若不是顶顶的圣人，又有几人能如此博爱？

把别人当别人，是一种洒脱的智慧。别人有自己的人生，大可不必操心干预，你我皆过客，只留美好回忆便足矣。不涉他人生活，便是智慧。

而把自己当成自己，是自然之道，也是最难的。

谁能够一点不在意外界的声音？从牙牙学语起，幼儿便期待着母亲的一声声鼓励；进入学校，再调皮捣蛋的刺头儿都渴望着家长与老师的认可；步入社会，拼死拼活、加班加点地干下去，谁不希望能获得前辈的一句认可？

慢享一刻

一女子独自住在一个小区里，有一次，她的妈妈来看望她，下楼买菜时听到一群聚在一起晒太阳的大爷大妈在高声谈论些什么，好奇地凑了过去。一大妈说："就你出来的这栋楼，有个姑娘，哎哟哟，每天换着男人陪！"旁边的大爷也接着道："每天那接送的车，今天丰田，明天吉利，倒是不挑！"

妈妈越听越不对劲，外貌上怎么这么像自己家孩子？顿时心里一紧，气得手都哆嗦起来，转身就给女儿打电话质问。女儿听了以后，笑笑，说："妈，我工作很累，早上想多睡会，所以每天叫网约车送我上班，每天的车当然不一样！"

有些话是说者无心，有些人以嚼舌根为乐，语言的力量有时比你想象的更强大。有人在网络上呼朋引伴、大张旗鼓地要去某人的社交账号下大骂一番，美其名曰"主持公道"，但事情的来龙去脉根本没搞清楚，就算事情又出"反转"，也毫不在乎。

别人的嘴里，世界可能是另一番天地，每个人都有可能是新的样子，许多声音是可以选择忽略的。最经典的莫过于职场上的交锋。新入职的"小白"最先获得信息的渠道便是前辈。在 A 姐嘴里，领导和蔼可亲，为人正直，可以放心跟随；在 B 哥的话里，领导两面三刀，毫无人性，趁早离开这个单位才好。信谁？没有真实地接触、沟通之前，别人嘴里的话，都不能相信。A 姐百般夸赞，有可能只是想让你当"炮灰"；B 哥嫌弃万分，但有可能都是烟幕弹，只是想让你退出团体，少个人分蛋糕。有些人的无关碎言，尽可一键清空，别人嘴里的自己无须在意，别人嘴里的他人，也无须相信。

建议所有缩手缩脚的年轻人，反复阅读这句话：

所有人的看法和评价都是暂时的，只有自己的经历和成绩是伴随一生的。几乎所有的担忧和畏惧，都是源于自己的想象，只有真的去做了，才会发现有多快乐。困住自己的，是他人的眼光。

3.掌控感让自己更轻易地拥有幸福

掌控感在人的心理健康中扮演着至关重要的角色。它不仅影响着个体的情绪状态，还直接关系到个体应对压力的能力以及生活满意度。在现实生活中，掌控感并非一个简单的心理学概念，而是一种时时影响着自己的行事风格与情绪的潜在力量。

◯ 慢享一刻

艾米是一位普通的图书管理员，她的生活平静而单调。每天，她都在图书馆的书架间穿梭，整理着那些沉默的书籍。艾米还总是被一种深深的无奈笼罩着，每天都感到郁郁寡欢，有一种欲言又止的阴郁。

艾米也不知道自己这是怎么了，她终于决定向心理医生寻求帮助。心理医生听了她对日常工作的描述后，缓缓说道："你要是想开心起来，首先需要辞去这份工作。"艾米很惊讶，并且非常不解："我现在的工作很清闲，也和我安静的性格很合适，怎么会是我的工作出现了问题？"

心理医生说道："你的工作是被动的，别人来借什么书，你帮他找什么书；还什么书，你就要把什么书按检索方式放回书架。虽然你的性格安静，但掌控欲强，你其实并不适合完全被动的工作。"

艾米听后，沉默了许久。的确，自己总在读者借书时，忍不住向他们推荐自己认为更好的书，或者同一本书更优秀的译本。当别人接受自己的建议时，自己自然会十分兴奋；当读者表示拒绝时，自己也会不由地心情低落起来。

心理医生继续说道："完全被动的工作，意味着你的时间安排、工作计划完全随着其他人走，充满了变数。比如，今天你想好好整理一下书架，但是突然来一个人归还了很多书，你迫不得已地要为此人办手续、检查这些被归还的书。等忙完之后，整理书架的时间已经不够了。而你内心是强烈地希望完全掌控自己的工作、生活节奏的。或者说，现在的你对自己生活的掌控太少了。所以，你会一直不开心。"

有的人每天都被很多事情充斥着，烦躁、焦虑、失措，无法静下心好好做一件事，生活处于一种失控的状态。很大原因是，一边要维持外界对自己的期待，无法停下正常的工作；另一边很想逃脱这种期待，去做自己想做的事情，但却要面临各种不确定性。而面对不确定性带来的无安全感，又使自己陷入急于求成的怪圈中：越是急于求成，越是无法安下心来解决眼前的问题。整个人面临几近于精神崩溃的状态。

人在什么状态下会对生活没有掌控感？当一个人不清楚自己的个人定位，不知道自己在这个世界要扮演什么角色时，就很容易被外在的期待和内心的诉求撕扯。对未来的不确定感到恐惧，太害怕失去又茫然无措，焦虑也就随之产生。当处于焦虑状态的时候，人就会对生活失去掌控感。而这种对生活的失控感，在人生的转折点，会感受特别强烈。工作刚起步时，虽然辛苦，但对未来是可预期的，有憧憬的。可人生遭遇转折的时候，需要做选择做决策，会感觉自己有很多机会，很多可能性，但又不知道哪一条路是可控的。

那么，该如何增强自己对生活的掌控感呢？

掌控感的缺失，往往源于人对自身能力的怀疑和对未来的不确定，可能会因为一次失败而怀疑自己的能力，也可能会因为一次挫折而对未来失去信心。但是，清晰地认识到自己的优势和劣势，制订出切实可行的计划，并且每天都在朝着目标前进时，就能够逐渐增强对生活的掌控感。

首先把自己当下的状态、未来几个可能的发展方向都写下来，并列出每个方向的优势和劣势。然后，重新去找到自己的天赋所在，分析自己的优势和不足。针对每个可能的方向，找相关的前辈去聊天，听听他们的想法、经历、经验、心得、问题和建议等。在这个过程中，把自己的情况和其他人的经验结合，在大脑里分析和思考，去给眼前的选择做减法。最后，留下最适合当下的选择。

当确定了选择后，就开始针对这个选择去做规划。去给规划做细分，细分出切实可行的执行步骤。每天都朝自己的目标迈进一点点，每一天都能切实感受到，自己离目标又更近了一步。这样，便能逐步找回对生活的掌控感。

增强掌控感的另一个方法是，学会接受并适应变化。生活中总是充满了变数，人们无法预测未来，也无法控制所有的事情，但是可以选择如何面对这些变化。选择积极地适应变化，而不是被动地接受。在变化中寻找机会，而不是只看到挑战。

增强对生活的掌控感固然是一个复杂的过程，它需要认识自己，明白自己真正想要的东西。这需要自信、自足，充满乐观，坚毅勇敢，不轻言放弃。换言之，要有信心掌握好自己人生的舵盘，眼神坚定地走过这世间的崎岖与波涛，最终到达自己理想的彼岸！

4.以心为翼，逐光而行

在这个喧嚣纷扰的世界里，每个人都是匆匆过客，背负着各自的故事与梦想，行走在不同街道上。城市的霓虹灯下，人影绰绰，每个人都在用自己的方式诠释着生活。或张扬，或低调，却总难免被外界的声音所牵引，被世俗的眼光所束缚。许多人追逐着别人的梦想，迎合着他人的期待，却忘记了倾听自己内心的声音。然而，真正的宁静与力量，往往源自内心的深处，那里有一片未被外界侵扰的净土，等待着去发掘、去倾听。真正的自在，从不在于外界的认可，而在于自己内心的平和与宁静。向内观，便是一段寻觅自我、回归本真的旅程。

古人云："水静则明，心静则智。"在快节奏的生活中，或许早已习惯了外界的喧嚣，却忘了给自己的心灵留一片静谧的空间。正如林清玄先生所言："一尘不染不是没有尘埃，而是尘埃任它飞扬，我自做我的阳光。"向自己内心寻觅，不是逃避现实，而是以一种更加平和的姿态去面对生活的风雨，是在纷扰中寻找内心的那份宁静与坚定。

在这个多元化的时代，每个人都有权利选择自己的生活方式。然而，世俗的眼光往往成为人们追求内心真实的绊脚石。许多人害怕被贴上"异类"的标签，害怕被孤立与排斥，于是选择妥协，放弃内心的声音，去追求那些看似光鲜亮丽却毫无灵魂的生活。

回望历史的长河，可以看到许多名人的影子在踽踽独行，背影孤单孱弱。他们看重自己内心的想法，不被世俗影响，不在意主流或非主流的眼光，坚定地做着自己认为该做的事情，精神力量惊人地强大。

爱因斯坦这个名字大家并不陌生，他的相对论最初并不被主流科学界所接受，许多观点被认为是叛逆的，甚至是荒谬的。但爱因斯坦没有因此而动摇，他坚持自己的理论，最终改变了物理学的面貌。

没有谁的成功是完全建立在外界的影响之下的，多少英雄人物，都是在纷繁复杂的时局中坚定内心，即使面对巨大的反对声，还是选择相信自己的直觉和判断。

作家哈珀·李的《杀死一只知更鸟》，在出版之初并未受到广泛关注。但她没有放弃写作，她相信这部作品的价值，也相信自己的价值。最终，《杀死一只知更鸟》不仅成了经典，还对美国社会产生了深远的影响。

向内观是一种温柔而舒缓的力量，它可以让自己在忙碌的生活中找到片刻的宁静，在纷扰的世界中保持清醒的头脑。当我们更清楚地看到自己的内心时，便能更深刻地理解自己的需求和愿望。

试着想象一下吧：

在清晨的微光中，自己静静地坐在窗前，手中握着一杯温热的茶。窗外的世界还在沉睡，而自己已经开始了一天的旅程。闭上眼睛，深深地呼吸，感受着内心的平静。向内寻找，探索自己的思想和情感，寻找那些被忽视的声音。

可能会想起一些伟大的人，或一些擦肩而过的人，进而感受到他们对自己的影响，条分缕析地盘清"自我"，心灵逐渐颤动起来。它或许会告诉自己，哪些是自己真正想要的，哪些又是外界强加给自己的。

写下自己的想法，记录下自己的感受。不再担心别人的看法，不再在意世俗的评价。只关注自己的内心，只倾听自己的声音。开始做自己认为该做的事情，不再为了迎合他人而活。

生活变得更加充实和有意义，不再追逐那些虚幻的荣耀，不再追求那些短暂的满足。追求那些真正重要的东西，那些能够让自己心灵得到满足的东西。

不再因为别人的评价而否定自己，不再因为世俗的标准而限制自己。接受自己的不完美，开始欣赏自己的独特性。

人生的一大修行，便是在纷扰的世界中找到自己的方向，在复杂的生活中保持自己的本色；在喧嚣的世界里，找到一片属于自己的宁静之地；在多变的时代中，保持一颗不变的初心。

自在不在心外，烦恼不是他人带来，只在于自己内心。发而不中，反求诸己。不要心外法，不要心外用功，只在自己的心地上用功，让自己发光发亮，就能够光亮他人，照耀世界。

当我们学会不再被外界的声音所牵引时，就会发现，原来内心的声音，才是最真实、最有力量的。请勇敢地倾听自己内心的声音，去追寻那份最纯粹、最真实的自我吧！

愿我们的生活如同一首诗，温柔而舒缓；愿我们的心灵如同一幅画，丰富多彩；愿我们在这个世界上，活出真正的自我，不被世俗所困，不被他人所限；愿我们的每一步都坚定而有力；愿我们的每一天都充满希望和阳光。

5.有人说你"野心勃勃"？恭喜！

在这个世界上，野心常常被误解为一种负面的特质，但实际上，它是推动人们前进的力量。野心是梦想的燃料，是成就的催化剂。当有人对你说你"野心勃勃"时，你应该将其视为一种赞扬，因为这意味着你有着超越现状的决心和勇气。

自我否定是一种自我设限的行为，它会阻碍你发现、挖掘自己的潜能，限制你追求卓越。相反，你要勇于自我肯定，相信自己有能力实现梦想。记住，绝不自我否定。

成为优秀的人的第一步，就是先相信自己优秀，然后"假装"自己优秀，直到你的"表演"说服了你自己，融入你的生命，你就会惊奇地发现：你，真的可以很优秀。

一切改变，一切调整，一切转向，都先从相信开始。

改变始于信念。当人们相信自己能够做到某事时，就会采取行动去实现它。这种信念可以是微小的，比如相信自己能够完成一项任务，也可以是宏大的，比如相信自己能够改变世界。

🗨 慢享一刻

J.K. 罗琳在《哈利·波特》系列出版之前，是一个单身母亲，生活困顿，但她相信自己的故事值得被讲述。她没有放弃，而是继续写作，最终她的作品成了全球畅销书，激励了无数人。而在《哈利·波特》大获成功之后，J.K. 罗琳想要挑战自我，她一直有写作侦探小说的愿望，但她"儿童作家"的名头已经太响了。罗琳尝试给一家出版社投稿，但很快被退了回来，对方认为罗琳只适合写魔法世界的故事，而且，一个女人能写出什么好侦探故事？罗琳自然十分气恼，她换掉了自己"J.K. 罗琳"的笔名，用"罗伯特·加尔布雷思"的名字投稿，她创作的科莫兰·斯特莱克侦探系列小说大受欢迎，她最终用自己不亚于男人的雄心壮志，在"硬汉读物"中闯出了自己的地盘。

在人生的舞台上，你我都是自己命运的导演和演员。当你开始悄悄努力，不断提升自己的能力和素质时，终有一天会惊艳所有人。而在那一刻，你也会深刻地意识到，人真正开始主宰自身命运的契机，就是明白年龄只是数字、时间只是工具、灵魂永远可塑、未来永远掌握在自己手中。

年龄和时间常常被看作限制一个人发展的最大因素，但实际上，那只是人们心中的幻觉和枷锁。灵魂是永远可塑的，也永远是自由的。未来掌握在自己的手中，每一个微小的决定都可能成为命运的转折点，所以，不如大胆地去选择更好的，去尝试更有意义的。很喜欢网上的一句话："勇敢的人先享受世界。"没错，当你比其他人更有野心、更有力量地去追逐时，你就是最先享受世界美好之人！

◯ 慢享一刻

摩西奶奶，原名安娜·玛丽·罗伯逊·摩西，是一位美国民间艺术家，她的故事是关于勇气、坚持和创造力的典范。她的生活原本平凡而艰辛，出生于1860年的纽约州格林威治村的一个农场，整个童年和青年时期都在为生计而劳作。在58岁之前，摩西奶奶的生活与艺术几乎没有任何交集，她忙于缝纫、煮饭、带孩子和管理家务。然而，正是这样一位普通的家庭主妇，在晚年发现了自己对绘画的热爱和天赋。

76岁那年，由于严重的关节炎，摩西奶奶不得不放弃她喜爱的刺绣，在无聊与不安中，她开始尝试绘画。她用画笔勾勒出农场生活的场景，用明快的色彩和质朴的手法，创作出一幅又一幅打动人心的作品。她的画作中多是孩子和妇女，充满了怀旧和田园式的乡村生活意象。

摩西奶奶的艺术生涯起步虽晚，但她的作品最终受到了全世界的认可和赞赏。80岁时，她在纽约举办了个人画展，引起轰动，成为美国知名的画家。她的作品不仅在美国被认可，还在欧洲畅销，她的色彩明快、质朴清新的画作，成为治愈人们心灵的良药。二十多年的绘画生涯中，摩西奶奶共创作了1600幅作品，作品在世界各地的博物馆都有展出。

不敢想象，七八十岁的老者开始追求艺术、办画展，会招来多少无端的猜测与嫉妒。但年龄从来不是追求梦想的障碍。摩西奶奶曾说："生活是我们自己创造，一直是，永远都是。而你最愿意做的那件事，就是你真正的天赋所在。"她鼓励人们去做自己喜欢做的事情，因为上帝会高兴地帮你打开成功之门，哪怕你已经80岁了。

无论处于什么年龄，无论面对何种困难，只要你愿意为之奋斗，总能开启新的生活篇章。无论处于生活的哪个阶段，无论面临什么样的挑战，你都有力量去塑造自己的未来。

假如有人说你野心勃勃？恭喜！这不仅是对你个人抱负的认可，更是对你潜力和决心的肯定。它是一种推动人们超越现状、追求卓越的内在动力。这意味着你有着不满足于平庸、勇于追求更高目标的志向——这说明你已经踏上了成为优秀之人的旅程。

6.喜欢自己，比喜欢世界更重要

喜欢自己，比喜欢世界更重要——这不仅是一句自我慰藉的话语，更是人生智慧的结晶。在这个纷繁复杂的世界里，人们常常被外界的声音左右，却忘了倾听内心的呼唤。生活在一个信息爆炸的时代，每天被无数的声音和观点所包围，这些外界的喧嚣很容易让人们迷失自我，忘记了自己的声音和需求。然而，真正的幸福和满足，往往源自对自己的深刻理解和接纳。

◯ 慢享一刻

在一个遥远的小镇上，住着一个叫莉莉的女孩。莉莉总是对周围的世界充满好奇和热爱，她喜欢探索自然，喜欢与人交往，喜欢尝试新事物。她的眼中总是闪烁着对未知的渴望和对美好生活的向往。然而，随着时间的推移，莉莉开始意识到，尽管她对世界充满了热情，但她对自己却并不总是那么满意。

莉莉经常拿自己和别人比较，觉得自己不够好，不够聪明，不够漂亮。她总是渴望获得别人的认可和赞赏，这让她感到焦虑和不安。她的生活似乎总是围绕着别人的看法和期望，而不是她自己的快乐和满足。她开始意识到，这种不断追求外界认可的生活方式，让她失去了自我，失去了对生活的真正享受。

有一天，莉莉遇到了一位智慧的老妇人。老妇人告诉她："莉莉，你喜欢这个世界，这是一件好事，但更重要的是，你要喜欢自己。因为如果你不能真正地喜欢和接受自己，那么无论这个世界多么精彩，你都无法真正地享受它。"老妇人的话像一束光，驱散了莉莉内心的迷雾。她开始反思自己的生活和价值观。她意识到，她一直在追求别人的认可，却忽视了自己的内心感受。

莉莉开始练习自我接纳。她每天对着镜子里的自己说："我爱你，我接受你，你已经足够好了。"她开始关注自己的优点，而不是缺点。她也开始更加自信地表达自己的想法和感受，不再害怕别人的评判。这个过程并不容易，但莉莉坚持了下来。她发现，每当她对自己的爱增加一分时，她对生活的热爱也就增加一分。

莉莉越来越喜欢自己，她发现自己对世界的看法也发生了变化。她不再那么在意别人的看法，而是更加专注于自己的感受和经历。她开始更加自由地探索世界，享受生活的每一刻，而不总是担心自己是否足够好。她学会了在繁忙的生活中慢下来，享受那些简单的快乐，比如清晨的一杯咖啡、午后的一本书，或者夜晚的一场电影。

当你开始学会做时间的主人，不再被琐事牵绊后，你会感受到平淡生活中喷涌而出的平静的力量。那是一种源自内心的安宁，是任何外界喧嚣都无法侵扰的净土。在这种状态下，你仿佛置身于一个静谧的湖泊旁，湖水平静如镜，倒映着天空的云彩和周围的树木，你的心境也如同这湖水一般，波澜不惊。焦虑与不安，在时间的洗礼下，自然烟消云散，留下的只有对生活的热爱与对自我的坚守。

经历过风雨的洗礼，靠自己上进的人，表面或许更加客气和善，但内心却筑起了一道难以逾越的高墙。他们学会了享受独处，不再轻易向人敞开心扉。生活对他们而言，变得干干净净，他们不再相信无谓的承诺，不再依赖他人的施舍。因为，喜欢自己，就是给自己最好的礼物，也是对抗世界所有不安的最强武器。他们知道，自我价值的实现和内心的平和，是抵御外界风浪的盾牌，是他们在人生旅途中稳步前行的基石。

见过世面的人，他们见过人性里最真实的一面，经历过很多情境，却依然能保持内心的宁静与坦然。他们阅尽人生百态，洞悉天地之道，众生之相。他们见过最好的风景，却不因此而沾沾自喜；知晓最坏的结果，也不因此而自怨自艾。这种从容与淡定，正是源于对自我的深刻认识与接纳。他们知道，生活不仅仅是外在的繁华，更是内心的丰富和深邃。

回忆起过去，你是否曾以为忘带作业、考不上大学、与喜欢的人分开是天大的事？随着时间的推移，那些曾经看似无法逾越的山峰，早已在不知不觉中被跨越。从前以为不能接受的现实，也慢慢变得可以接受。生活就是这样，充满了未知与变数。但正是这些经历，塑造了更加坚韧与成熟的人。这些经历如同一块块拼图，拼凑出你独一无二的人生画卷，每一块都不可或缺，每一块都珍贵无比。

请你把时间分给睡眠，让疲惫的心灵得以休憩；分给书籍，让智慧的火花在字里行间跳跃；分给运动，让身体与灵魂一同在路上奔跑；分给花鸟树木和山川湖海，让自然的馈赠滋养心田；分给你对这个世界的热爱，让每一刻都充满色彩与温度。而不是将时间浪费在无聊的人和事上，那些只会消耗你的能量，让你远离真正的自我。你的时间是宝贵的，它应该被用来滋养你的心灵，丰富你的生活，而不是被无关紧要的事情所占据。

生活充满了想象，遗憾也不过是常态。其实，人生就是一个享受孤独的过程。无论当初做出何种选择，你都无法预知未来的走向。但正是这些选择，构成了你独一无二的人生轨迹。每个人的人生都是一条独特的道路，有平坦的大道，也有崎岖的小径，但每一步都值得珍惜，每一步都充满了意义。

人不应站在现在的角度，去批判当时的自己，那是不公平的。因为每一个选择都是基于当时的认知与情感做出的。所以，珍惜当下，喜欢自己，只有当你真正爱上自己时，才能以更加开放与包容的心态去拥抱这个世界。当你开始接受自己的不完美，当你开始欣赏自己的独特性时，你会发现，这个世界比你想象的要宽广得多，你的生活比你想象的要精彩得多。

7.梦想不会跑，逃跑的永远是自己

人生，宛如一场追逐梦想的壮丽征程，其中的酸甜苦辣，唯有亲身践行者方能深刻领悟。每个人的追梦之路各具特色，所遭遇的风雨与阳光也各不相同。但无一例外，都在为心中的梦想与未来的希望而奋勇前行。

现实生活中，每个人的追梦之路都布满了荆棘与挑战，没有谁能够毫不费力地抵达梦想的彼岸。因此，唯有那些勇敢追梦，珍惜并把握当下每一个机遇的人，才能真正拥抱梦想的辉煌。

慢享一刻

在小镇的一隅，生活着一个叫阿宇的年轻人。阿宇打小就对摄影有着一种近乎痴迷的热爱，那些印在杂志、挂历上的绝美风景照，像是一把神奇的钥匙，悄然开启了他心底的梦想之门——他渴望背着相机，走遍山川湖海，用镜头捕捉世间百态，定格每一个稍纵即逝的动人瞬间。

高中毕业后，阿宇不顾家人的劝阻，毅然决然地选择报考摄影专业。可现实却给了他当头一棒，艺术院校高昂的学费让本就不富裕的家庭不堪重负，亲戚们轮番上门劝他"务实"些，找份安稳工作。重压之下，阿宇妥协了，他把心爱的相机锁进柜子，跟着同乡进了城里的工厂，成为流水线上的一名工人。

工厂的日子机械又枯燥，阿宇每天重复着同样的动作，耳边是永不停歇的机器轰鸣声。夜深人静时，他躺在床上，脑海里总会不由自主地浮现出那些曾令他热血沸腾的摄影画面：破晓时分的云海翻涌、古老村落的袅袅炊烟、孩童纯真无邪的笑脸……这些画面像一只无形的手，拉扯着他的灵魂，搅得他辗转难眠。

一次偶然，工厂承接了一批产品宣传物料的制作，老板四处找人拍产品图，阿宇犹豫再三，自告奋勇接下了活儿。当他的双手再次握住相机时，熟悉的触感瞬间涌上心头，像是与久别重逢的老友相拥。阿宇凭借扎实的摄影功底，把产品拍得质感十足，宣传效果远超预期。老板大喜，不仅给了丰厚奖金，还鼓励他多接厂里的拍摄任务。

这本该是阿宇重拾梦想的绝佳契机，可过往的挫折让他心生怯意。他害怕再次因资金、客源等难题半途而废，害怕旁人质疑的目光，更害怕倾尽所有后依旧功亏一篑。于是，他婉拒了老板进一步的合作提议，又默默回到流水线，把刚燃起的一丝火苗亲手掐灭。

日子一天天过去，阿宇愈发消沉，工厂里高强度的劳作让他身心俱疲，眼神也没了往日光彩。一天午休，阿宇刷手机视频时，无意间点进一位旅行摄影师的直播间。屏幕那头，摄影师站在广袤无垠的沙漠中央，背靠橙红交映、如梦如幻的落日余晖，正激情澎湃地分享自己的追梦历程：资金短缺时睡过公园长椅，设备被偷后四处打零工重新购置，遭遇创作瓶颈时差点抑郁……可即便如此，他从未想过放弃，只因摄影是他一生的挚爱，是灵魂深处不可割舍的执念。

阿宇的内心被深深触动，望着柜子里落满灰尘的相机，如梦初醒：原来这么多年，梦想从未弃他而去，是自己一直在逃避，被臆想出来的重重困难绊住了脚步。摄影于他，绝非闲暇时的消遣，而是融入骨血的热爱，他怎能轻易辜负？

第二天，阿宇辞去工厂的工作，取出所有积蓄，买了新设备，开始在网上分享摄影教程、发布自己的作品，还主动联系本地商家、旅游景区谈合作。起初，回应者寥寥无几，作品也常遭人诟病，但阿宇不再退缩。他白天四处奔波找拍摄机会，晚上熬夜钻研摄影技巧、学习后期制作。

渐渐地，阿宇的努力有了回报。他拍的一组古镇夜景图在网络上走红，吸引众多游客前往打卡，当地文旅局特意聘请他做官方摄影师；一些摄影培训机构也向他抛来橄榄枝，邀请他出任兼职讲师。阿宇终于踏上梦寐以求的追梦旅程，用镜头丈量世界，把一路的风景与故事分享给万千怀揣梦想的人。

追逐梦想听起来有多么勇敢、美好，过程就有多么艰辛、波折，美好的理想是心中的一棵树，这棵树可以很高大、很茂盛，但若被同样庞大的阴影吓退，只会离美好越来越远。

勇敢追梦的人，懂得珍惜每一个瞬间，无论是平凡的积累还是非凡的突破，都能以一颗感恩的心去对待。他们不会因为一时的挫败而气馁，而会选择以勇敢的心态去面对追梦路上的艰辛与挑战。正是对梦想的执着与热爱，让他们在面对困难与挫折时，能够看到希望的光芒，寻找机遇并克服困难。

然而，勇敢追梦并非易事，需要人拥有超越世俗的境界，以及一颗坚不可摧的心。追梦路上，总会有一些看似无法逾越的障碍，甚至有一些难以言说的辛酸。但正是这些经历，让人变得更加坚韧与成熟。

人生虽坎坷，但你可以选择以一种勇敢的心态去面对它。在日常的琐碎中，保持对梦想的热爱与追求，让自己的生活变得丰富多彩。拥有美丽的心灵与清醒的头脑，在面对追梦路上的困难与挑战时，能够坦然接受并勇敢克服。即使身处逆境之中，也要保持内心的温柔与坚强，成为自己追梦路上的坚强后盾。

那些活得有力量、有韧性的人，他们不仅实现了自己的梦想，也在无形中激励着周围的人。无论当下处于何种状态，面临何种挑战，都应该明白一个道理：生活能够成就的人，都是那些愿意勇敢追梦的人。而最终决定梦想能否实现的人，只能是自己。

享受每一刻的追梦时光，让平凡的日子绽放出梦想的绚烂花朵。那些心态阳光、勇敢追梦的人，即使身处绝境也能扭转乾坤。他们明白逆境是命运的考验，只有勇敢地熬过逆境，才能迎来梦想的高光时刻。因此，我们应该学会调整自己的心态，让阳光照进追梦的每一个角落。追梦路上的每一个小成就、每一个小快乐都是值得被珍视的大事，它们构成了我们最宝贵的财富。

生命的意义在于追逐梦想时心灵的自由与光明。幸福与快乐需要在追梦的过程中慢慢感受与体会，而不是依赖他人的赞誉与认可。活着不仅要为梦想奋斗，更要心向光明、让自己因追梦而快乐。愿我们都能勇敢追梦、热爱生活，活成自己梦想中的样子。从挫折中吸取力量，让我们在不知不觉间穿越梦想的沼泽，成为自己追梦路上的英雄。

第五章

所有发生，都是最好的安排

1.悦纳一切发生

智者接纳一切的发生，并顺势而行。

人生之路，满是艰辛。但一味地抱怨与愤怒，终究无法带来心中所求。因此，真正成熟的人，心境宽广而豁达。面对生活中的酸甜苦辣，他们淡然以对，细细品味，深刻体验，并回味无穷。在这样的过程中，他们逐渐学会了面对自己、了解自己，进而与生活和谐共处。

佛家所言的"悦纳"，即认识自我、认可生活，同时也接纳多元的生活方式。悦纳，是愉悦自己、容纳他人的态度与心境。真正洒脱、自信且心态平和的人，往往具备更强的自我包容与接纳能力。

人生无常，若总是对过往耿耿于怀，对未来焦虑不安，便难以轻松接纳当下的自己。

如此，一个人若对一切都持悲观态度，对什么都不信任，又怎能迎接美好的未来?

凡事皆有因果，若只为保全自身、避免犯错而原地踏步，不如勇敢地接受新事物，拥抱更多可能性的未来，真正去创造值得拥有的明天。

莫言说:"真正的强大不是忘记，而是接受。"强大的人从不畏惧失去。这话听起来或许有些自私无情，但生活总是向前，生命亦在进化。季羡林先生亦言:"不完满才是人生。"人生在世，不应过分计较得失成败。因为，一生的努力与坚持，或许最终只是一场空。

接受人生的不完美，接纳生活的不完整，我们才能更加自如地接纳自己、接纳他人、接纳当下。随后，我们才能潇洒自在地接纳与包容一切。

作家田维在《花田半亩》中写道:"遗憾是常常的，孤独是常常的，生来是品尝苦味，生来便是看尽无常变幻。"人生若无遗憾，岂不太无趣? 每个人都在岁月的磨砺中从稚嫩走向成熟。正因稚嫩时的错误与遗憾，我们才学会放过自己、包容自己、接纳自己，将一生串联得真实而生动。体验了世间百态，感受了人间冷暖，生命才显得波澜壮阔、精彩纷呈。

罗素曾说:"只有玫瑰与茉莉一同开放，这个世界才有参差多态的美。"海蓝博士说:"爱上不完美的自己，改变能改变的，接纳不能改变的。"

人越是担忧与胡思乱想，便越难以接纳真实的自己，也越容易陷入内耗与自我折磨的困境，最终让自己痛苦不堪。痛苦久了，若找不到出口，疾病便会滋生。

俗话说："心病还需心药医。"与其活得辛苦、痛苦，不如试着悦纳自己、悦纳一切，从容随性地度过一生。周国平说："人世间的一切不平凡，最后都要回归平凡，都要用平凡生活来衡量其价值。伟大、精彩、成功都不算数，只有把平凡生活过好，人生才算圆满。"

网上有个热门问题："有哪些极简的人生建议？"

一个高赞回答是："人生有两件事尽量少做：一是用自己的嘴干扰别人的生活，二是用别人的脑子思考自己的人生。"

人生的意义并非自讨苦吃或存心找碴，而是尽可能地活在和谐、真实且善意的环境中。一个真实而善良的人，即便初时吃亏受苦，甚至遭遇小人的算计与打压，但从长远来看，能够面对必成大器。因此，在生活中悦纳自己、悦纳他人，真实真诚地做自己，客观而善良地对待他人，自然能收获更多的幸福。

林清玄在《人生最美是清欢》中写道："以清净心看世界，以欢喜心过生活，以平常心生情味，以柔软心除挂碍。"

一个人心境开阔后，自然懒得评价世间的浮沉，也不屑于钩心斗角。取而代之的是以乐观、愉悦、包容的心态面对世界，在平淡的日子里浇灌花朵、享受阳光。最终，我们不会被世俗束缚，而是让心灵自由飞翔。正如《肖申克的救赎》所言："心若是牢笼，处处为牢笼，自由不在外面，而在于内心。"虽然成年人的世界没有容易二字，但生活本就如此。试着悦纳、包容、接受一切，且以豁达乐观的心态去接纳，如此，我们才能活得平和、过得平静、睡得安稳。

人生与生活，重在体验。人终将归于虚无，一切都将回归寂静。重要的是，我们活着时的心态。没有谁的人生一帆风顺，生活也不会一直眷顾谁。《人生没什么不可放下》一书中说："人最强大的时候，不是坚持的时候，而是放下的时候。"放下变质的感情，才能拥抱新的未来；丢弃过往的枷锁，才能享受当下；放弃内心的纠缠，才能重新悦纳自我。

人生一世，试着悦纳自己、悦纳他人，欢欢喜喜、平平淡淡，如此便已足够。

2.士师分鹿真是梦，塞翁失马犹为福

这位名为"命运"的编织者，似乎总爱以它那无形的丝线，巧妙地在我们的人生织锦上勾勒出曲折的图案。你是否也曾驻

足，在生活的某个转角，感受到那股无形的力量，它在你最渴望得到之时，悄然布下重重障碍？就像是精心筹备的一个项目，每一步都走得小心翼翼，却总在不经意间，被那些藏匿于极细微角落的问题绊住脚步。事后看来，它们往往简单得令人扼腕，本是可以轻易避开的陷阱。这样的时刻，心中难免泛起涟漪，让人不禁质疑：是否真的需要向命运低头，将一切归咎于"命定"？

然而，世间万物，往往遵循着一种微妙而难以言喻的规律。这种规律，带着几分玄妙的色彩，却又不失其深刻的哲理：当你对某物不再执念，不再刻意追求时，它反而会在不经意间悄然降临；当你不断提升自我，变得更加优秀时，那些同样优秀甚至更为卓越的人和事，自然会出现在你的世界里，仿佛是宇宙间的一种默契；唯有当你内心足够强大，能够坦然面对孤独，不再畏惧那份空旷与寂静时，你才能真正做到宁缺毋滥，享受内心的平和与自由。

人生，确实是一场充满变数的旅程。很多时候，越是迫切地想要抓住什么，那份渴望反而成了阻碍，让你离目标越来越远。正如史铁生先生笔下的那段深刻反思：在我四肢健全的日子里，我常因周遭环境的不尽如人意而抱怨连连；直到瘫痪之后，我才开始怀念那些可以自由行走、奔跑的日子。几年后，当我饱受褥疮之苦时，又开始怀念起那些年安稳坐在轮椅上的时光；再后来，尿毒症的到来，让我无比怀念长褥疮的日子；而当透析成为日常，清醒的时间变得稀少时，我竟开始怀念尿毒症时期的生活。这是对人生无常最生动的诠释，提醒人们，在未知的命运面前，保持一颗平和的心，是多么重要。

面对生活的波折，你永远无法预知坏事和更坏的事何时会来。因此，当不幸降临时，不妨先让自己放松下来，以一种更加自在的态度去面对。"人生无所谓幸与不幸，不过是两种不同境遇的比较罢了。"就像薛定谔的猫，世间万物的发展都是不可预知的，在结果揭晓之前，一切都处于未知的状态。这种不确定性，既是人生的挑战，也是其魅力所在。

慢享一刻

在禅意盎然的深山之中，有两兄弟，怀揣着对佛法的无限向往，一同来到了一位德高望重的禅师面前，渴望能跟随大师的脚步，参禅悟道。禅师以他那深邃的目光审视着二人，缓缓问道："参禅悟道，首要在于舍得与放下，你们是否已经了却尘缘，无牵无挂？"哥哥闻言，心中顿时涌起了对家中年迈母亲、年幼弟妹的挂念，神色中透露出一丝犹豫。禅师见状，微微闭目，轻声说道："既然舍不得，放不下，那还是先回去吧，十年之后，再来此处，看是否有所改变。"哥哥依依不舍地离开了这片静谧的山林。

弟弟见哥哥未能如愿，心中暗自思量："修佛讲究的是一个'空'字，家中老母、弟妹自有他们的命运安排，既然我已决心遁入空门，便应将这些俗世牵挂抛诸脑后。"于是，他毅然决然地对禅师说："我能放得下！"禅师听后，并未立即表态，只是缓缓睁开眼，淡淡地说："你也需先去尘世中历练一番，十年后再来找我吧。"弟弟虽满心疑惑，但还是遵从了禅师的指引，下山云游去了。

十年时光，如白驹过隙。兄弟二人如约回到山上，再次找到了禅师。禅师微笑着问道："这十年间，你们各自参悟出了什么？"弟弟一副仙风道骨的模样，口若悬河，将自己云游四海的所见所闻、所感所悟，一一道来。而哥哥则显得有些惭愧，低声说道："这十年，我一直在家中照顾老母、弟妹，忙于生计，无暇参禅悟道，只怕已与大师无缘了。"禅师听后，嘴角勾起一抹微笑，他指着哥哥说："从今往后，你就留在这里吧！"弟弟闻言，满心不解，追问其故。禅师静静地解释道："佛不在高山大川之间，而在每个人的心中；心中有善，方能弘善；心中有情，方能勘破情缘。若连自己的母亲都不敬爱，对弟妹也无情意，又如何能普度众生呢？你与佛无缘，还是下山去吧。"

生活中的遗憾，往往蕴含着意想不到的转机。有时候，我们费尽心机去布局、去推进，却未必能收获预期的结果。"士师分鹿真是梦，塞翁失马犹为福。"人生就像一场大梦，现实生活中的种种奇遇，往往比梦境还要离奇。塞翁失马的故事，早已成为家喻户晓的典故，它告诉我们，失去并不总是坏事，得到也不一定就是幸运。

孔子曾言："过犹不及。"人应当清心寡欲，放下私念，但这并不意味着要成为毫无情感的木头石块。真正的修身君子，以淡泊名利、公允无私为目标，他们不会摒弃一切情感意趣。一个枯燥无味、不近人情的人，是不能够度化他人，当然也度化不了自己。

那些愿意吃亏的人，最终往往不会真正吃亏。吃亏多了，自然会得到应有的回报；而那些喜欢占小便宜的人，最终也占不了大便宜，他们在赢得微利的同时，往往失去了更为宝贵的东西。在这个世界上，再好的东西，也不可能永远属于你。因此，我们不必过分计较一时的得失，而应常怀怜悯之心，常施援助之手，用真诚和善良去赢得人心。这样，一切自然会随之而来。

记住，今天的苦果，往往是昨日行为的伏笔；当下的每一分付出，都是在为明天的花播种。在命运的长河中，保持一颗平和、坚韧的心，让生命之舟在风雨中稳健前行。

3.再大的事，也不要影响吃饭睡觉

一直认为，"好好吃饭"是一句极温柔、极智慧的祝福。它不仅仅是对味蕾的关怀，更是对生命最质朴的祝福，是对平凡日子里那份宁静与美好的深深期许。

俗话说："人是铁，饭是钢，一顿不吃饿得慌。"从生理学角度上说，只有保证充足的营养供给，人体才能健康、正常地运转，大脑才能清醒地做出决定。每一口饭菜，都是对生命的滋养，是对身体最真诚的呵护。只要还能吃得下饭，睡得着觉，就没有什么天塌下来的大事。食物带来的不仅是饱腹感，更是身体的温暖、心灵的慰藉。

在许多言情剧中，常会出现这样的桥段：心爱之人因重伤而生命垂危，在最后的时刻，他（她）用尽全身的力气，轻抚着爱人的脸庞，留下那句深情而又无奈的"好好吃饭，别想我……"，随后便撒手人寰。这样的场景，常常被一些观众吐槽为过于矫情。然而，只有真正经历过生离死别的人才知道，时间会冲淡一切，没有什么事情是过不去的。但若因一时的悲伤而搞垮了自己的身体，那就是真的放弃了将来，是对未来美好生活的辜负。

这不是绝情，这是理智与清醒。正如那句老话所说："留得青山在，不怕没柴烧。"活着，就有希望；活着，就有无限的可能。活得更好，才是你对人生应该展现的姿态。

○ 慢享一刻

一位朋友的丈夫在一次意外中不幸离世。在丈夫离世后的日子里，她每天都沉浸在悲痛之中，茶饭不思，日渐消瘦。朋友们都担心她会垮掉，纷纷前来劝慰，但效果都不尽如人意，伤心的妻子仍日渐消瘦。

一次，她在整理家中旧物时，于泪眼婆娑中看到了丈夫生前留下的一封信，信中写道："亲爱的，无论我身在何方，都希望你能够好好照顾自己，好好吃饭，好好生活。你的幸福，是我最大的心愿。"伤心的妻子痛哭起来，她终于明白，自己的消沉与自暴自弃，是对爱人的辜负，也是对自己人生的辜负。她开始尝试着走出悲伤，重新找回生活的乐趣。每天，她都会精心准备饭菜，让自己吃得健康、吃得开心。渐渐地，她的身体恢复了健康，心情也变得开朗起来。她明白，好好吃饭，不仅是对自己负责，更是对丈夫在天之灵的最好告慰。

在现实生活中，勤奋、谨慎、诚实的人不会抱怨命运的不公。因为他们深知，努力是一件需要长久坚持的事情，努力的道路上，往往伴随着孤独与寂寞，需要一个人忍受无数次的失败与挫折。但正是这些看似艰难的时光，铸就了他们坚韧不拔的意志和强大的内心。

💬 慢享一刻

俞敏洪出身农村，经历了三次高考才考入北京大学。然而，当他踏入北大的校门时，却发现自己成了班级中最不起眼的学生。面对这样的落差，他并没有气馁，而是选择了与自己赛跑，用勤奋和毅力去弥补自己的不足。在毕业典礼上，他幽默地调侃道："同学们都很厉害，我不跟你们比，我只跟自己比。你们用五年完成的事情，我用十年；你们用十年完成的事情，我用二十年。实在不行，我就保持心情愉悦、身体健康，到了八十岁之后，把你们一个个都送走了我再走。"这种豁达与乐观的心态，不仅让他成了新东方集团的创始人，更让他赢得了无数人的尊敬与敬仰。

在现实生活中，可能经常会遇到各种各样的干扰与困惑。有时，一句无心的话、一个不经意的眼神，都可能让人陷入深深的自责与焦虑之中。然而，你要明白的是，能干扰你的，往往是自己的在意；能伤害你的，往往是自己的执念。因此，学会放下、学会释怀，用平和的心态去面对生活中的种种不如意，才能真正做到"无人能扰"。

老子在《道德经》中写道："飘风不终朝，骤雨不终日。"无论遭遇多大的苦难或困境，它们都不会永远持续下去。因为，任何事物都有其极限和终点。面对生活中的琐碎与苦难，要学会治愈自己，用一颗强大的内心去迎接每一个挑战。不要过于敏感，不要让别人的言论左右自己的情绪。正如那句老话所说："有心者有所累，无心者无所谓。"做一个内心强大的人，走自己的路，让别人说去吧。因为，只有当你真正做到了这一点后，才能在生活中游刃有余，活出自己的精彩。

4.拈花前行，美好必如期而至

人生这条路很漫长，很漫长，漫长到足以令你遇到许多悲伤、许多疼痛。那些刻骨铭心的经历，如同冬日里的寒风，刺骨而冰冷，但也赋予了你足够的时间去遇见更多的温暖，学会更多的意义。

脆弱的人，往往会被人生的广阔与未知所震慑，他们畏惧时间的漫长，害怕面对未知的挑战。而坚强的人享受每一分每一秒的时光，他们珍惜每一次的尝试与探索，享受每一次的成功与失败。聪慧的人，更是懂得如何利用一切时间与机会，来提升、充实自我，令自己熠熠发光，吸引同样优秀的人聚集，畅享更美好的人生。

青春期的孩子，总喜欢在网上提问："怎么才能让他／她喜欢我?""怎么才能让别人喜欢我?"可是真正有智慧的人，从不把注意力放在这些外在的认可上。他们知道，人生的价值，不在于得到多少人的喜欢，而在于能否成为更好的自己。因此，他们会问——如何才能提升自我?

有句话说得好："人不怕优秀，人只怕生锈。"你若满足于现状，停滞不前，必会慢慢沉沦，从思想到关节都生出锈来，慢慢地酥化、崩塌。正所谓"流水不腐，户枢不蠹"，只有让心不断流动、不断充实，才能焕发出勃勃生机，才能保持生命的清澈与明媚。

每一天都在向前走，这是许多人默认的，潜意识认为应该是这样的。但是，若你不思进取，思想便留在了原地，只有身体在默默老去。不少人想改变，想提升，制订了无数个计划，却总是因为种种原因而无法坚持下去。他们沉浸在自我安慰的幻想中，以为看过几个励志小视频，听过几句"鸡汤话"，自己便得到了提升，思想也升华了。殊不知，真正的成长，是需要付出艰辛的努力和持久的坚持的。

要想提高自己，首先便是修炼屏蔽力。

屏蔽掉让自己退缩的声音，屏蔽掉周围质疑的声音，太多无用的信息、别人的闲言碎语，都在影响着你的行为。你要修炼好屏蔽力，别在无谓的人和事上浪费时间。留时间和精力精进自己，在纷扰的环境中守好自己的灯火。

之后，请向周围优秀的人学习。

承认自己的不足、别人的优秀。简言之，是谦虚。许多人都以自我为中心，在网络的虚拟空间里狂妄地、信以为真地以"大牛"自居，听不进去任何现实世界的批评。博马舍说："若批评不自由，则赞美无意义。"真正的谦虚需要认真修炼。人很容易受身边的人影响，这种影响是潜移默化的。想要快速提升自己，就要向最优秀的人学习。和消极的人在一起，只会消耗你，甚至吞噬你。每个人都自带磁场，和优秀的人在一起，细心观摩他们好的学习习惯、工作方法，学习并运用在自己身上，直至与其齐肩并进。另外，和优秀的人在一起，即使失败落寞了，你也会被照亮、被指引，在黑暗里找到方向。

人和人之间的差距都是在悄无声息中拉开的，所以，请保持练习。如果你想得到什么，那就去做，去不停地探索。格拉德威尔在《异类》一书中指出："人们眼中的天才之所以卓越非凡，并非天资超人一等，而是付出了持续不断的努力。1 万小时的锤炼是任何人从平凡变成世界级大师的必要条件。"这便是著名的"1 万小时定律"，你若想成为某个领域的专家，需要 1 万小时（1.1415525 年），按比例计算就是：如果每天工作 8 个小时，一周工作 5 天，那么你至少需要五年。

不管做什么行业，主动学习都是必需的。时代变化太快，来不及眨眼。没有谁能断定走哪一条路能一劳永逸？提升自己的最快方式就是持之以恒，不断学习。

"种一棵树最好的时间是十年前，其次是现在。"投资自己永远不晚，而投资自己的最好方式，就是不断地学习，学习自己喜欢的东西，不断探索新的领域，去感知、去了解世界上闪闪发光的文化，你终究会在这条极其有趣的路上发现人生的意义。

拈花前行，是一种优雅与从容。自我足够强大，前行的路便宽阔无边，有无限可能，所有美好必定如期而至。

5.任命运蹉跎，我不卑不亢

在这个世界上，有两种心态如同无形的枷锁，紧紧束缚着人们前行的脚步，最易导致失败：其一，是那种非要看到明确的结果才肯迈出行动步伐的迟疑心态。拥有这种心态的人，总是期望在行动之前就能预见一切可能的结局，他们渴望得到一份详尽无遗的"行动指南"，却往往忽视了行动本身的价值与意义。其二，则是盲目认为选择比努力更重要的短视心态。拥有这种心态的人往往过于迷信"一招鲜，吃遍天"的秘诀，一旦所选方法不能迅速见效，便急于更换策略，缺乏持之以恒的决心与毅力。

请记住，世界往往青睐那些不计得失的"痴人"，而非总是寻求捷径的"精明者"。

曾听到一位朋友这样说："无论你做什么，都要全力以赴。在努力的过程中，你定会学到很多宝贵的知识与经验，这些积累将如涓涓细流，汇聚成河，最终让你的人生发生质的飞跃。而如果你只是敷衍了事，那么很可能一无所获，态度也会变得消极。更重要的是，你将会浪费掉那些本可以用来成长与进步的宝贵时间。你对生活的态度，终将决定生活对你的态度。"

有时，人会感到胆怯。面对比自己强大的人，甚至只是外表、体型上优于自己的人，都会有些胆怯，侧目观察，不敢大大方方地上前沟通。这源于内心的不自信，或许还没达到自卑，只是自己的底气不足。

一个人若身处受尊重的环境，物质无忧，那么很容易培养出自信、阳光、平和的气质；一个人若勤奋好学，博览群书，举止得体，自然能展现出从容不迫、温文尔雅的风度；一个人若经历过各种浮华与大风大浪，或是大悲大喜，自然能学会控制情绪，洞察人心，不为外物所扰；一个人若历经生死考验，那么他的气场将令人震撼。相反，若一个人对未知和环境充满不安和恐惧，就容易在强者面前显得胆怯，这源于对无常命运的深深恐惧，因为无法从内心获得力量，而过分依赖外界。

记住，"壁立千仞，无欲则刚"。在强者面前保持不卑不亢，需要的是自信。它源于你确信自己拥有美好的、幽默的、深沉的气质，这种气质永不消散，无人能夺。若你对物质知足，就不会在富人面前感到窘迫；若你心有所属不贪恋美色，或已阅尽春色，就不会在高傲的美女面前自卑；若你洞悉人性，见识过丑恶与善良，就不会在利害关系中迷失；若你凭借自身努力不断挑战极限，取得成功，那么你在强者面前自然会从容不迫、不卑不亢；若你真心帮助过他人，甚至不顾生死，在困境中坚守信念，不求回报地传播正能量，那么任何人都无法否认你的人格和道德；若你天真烂漫，幽默乐观，无欲无求，那么外界的人与事，无论如何变幻，都无法改变你。

人一旦有了自信，就会表现出不卑不亢的态度。与其空想不如实干，要在工作中保持不卑不亢，关键在于有自知之明。当一个人不了解自己时，要么自大，要么自卑，这两种态度都是不卑不亢的反面。卑和亢虽看似对立，但实则统一，本质上都是不自信的表现。自卑是因为内心能量不足，需要外界补给；而傲慢也是因为内心能量不足，需要靠优越感来弥补。因此，这两种性格虽然表现形式相反，但本质相同。

做到不奢求、知礼仪、不自恋，你就能在任何人面前保持镇定。不奢求，是对交往的定位，不试图表现自己不具备的品质，避免因急于表现而犯错；知礼仪，是与人交往的基础，特别是与陌生人初次见面时，懂礼貌和礼仪能避免给人留下坏印象，增添自己的信心；不自恋，就是别太把自己当回事，明白自己并非那么引人注目，这样就能更坦然地面对小失误，保持泰然自若。但请注意，不要从心理上贬低他人来寻求自我安慰，否则可能生出平和，也可能生出傲慢。

见微知著，当你对生活中的一切不卑不亢、自信从容地接纳、处理时，对待命运，自然也能平和悦纳。任命运蹉跎，无论狂风骤雨还是烈日炎炎，都不胆怯，也不逃避，只是从容地、微笑着，以一颗自信优雅的心，笑看云卷云舒。

6.稳定的是天气，不稳定的是我们的情绪

如今，时常看到有人突然情绪崩溃的视频，营销号通常会配上极委屈的标题，如："成年人的崩溃就在一瞬间""只因一瓶水，男/女子街头痛哭"，还有男女朋友间因一句话不对付便反目的……许多网友调侃，这年头，找一个情绪稳定的人真不容易。一时间，"情绪稳定"成了许多单身男女寻找另一半的首要条件。

其实，将情绪稳定作为择偶条件，并不完全是"玩梗""追逐

潮流"。在某些方面，情绪稳定甚至超越了个人品质的优劣，可以成为衡量一个人成熟度与智慧的关键标尺。若一个人能控制住自己的情绪，就能在工作、日常、人际关系中游刃有余。情绪稳定的人，能够坚守自己的立场，保持内心的平和与坚定，不会被外界的风吹草动所动摇，更不会轻易被他人牵着鼻子走。

◯ 慢享一刻

有一个小和尚向师父诉说自己的苦恼，因为师兄弟们老是说他的闲话，搞得他不能好好念经，天天为那些闲话而忧心忡忡——不知道今天师兄弟们又要说他什么闲话？

"师父，你一定要管管了。他们怎么可以随便说别人的闲话呢？

师父双目微闭，轻轻说了一句："是你自己老说闲话。"

"才不是，是他们瞎操闲心。"小和尚不服。

"不是他们瞎操闲心，是你自己瞎操闲心。"

"不，明明是他们多管闲事。"

"不是他们多管闲事，是你自己多管闲事。"

"师父为什么这么说？我管的都是自己的事啊！"

"操闲心、说闲话、管闲事，那是他们的事，就让他们说去，与你何干？你不好好念经，老想着他们操闲心，不是你在操闲心吗？老说他们说闲话，不是你在说闲话吗？老管他们说闲话的事，不也是你在管闲事吗？"

　　面对师兄弟的闲言碎语，小和尚深陷其中、难以自拔，导致自己无法专心修行。外界的评价与议论，归根结底是别人的事，与自己无关。只有学会放下，专注于自己的修行，才能真正做到心无旁骛。这一番话，不仅是对小和尚的教导，更是对所有人的启示：在纷繁复杂的世界中，保持内心的平静与专注，不被外界干扰，方能成就一番事业。

　　唐代诗僧寒山问拾得禅师："世间有人谤我、欺我、辱我、笑我、轻我、贱我、恶我、骗我，如何处治乎？"拾得禅师回答："只要忍他、让他、由他、避他、耐他、敬他、耐他、不要理他，再待几年你且看他。"

　　外界的流言蜚语、世界的变化万千，其实都是"不变"，毕竟万物都在运动着。而你能控制的，只是自己的情绪、自己的心。

　　只要能够静下来，你便会吸引世间一切美好的东西，从而改变你的命运。

　　回想一下，你是否遇到过这样的情景：当你遇到一个棘手的问题时，你越是烦躁，越是心烦意乱，越是解决不了问题。相反，如果你不急不躁，冷静地观察与分析，你会发现事情往往就很容易解决。

有些时候，困住人们的往往不是问题本身，而是一颗烦躁不安、七十二变的心。要知道，"静"与"定"，是情绪稳定的核心。一个能够静下心来的人，一个能够保持内心安定的人，做起事来自然能够深入本质，不急不躁。他们的行动，如同根深叶茂的大树，无论外界环境如何变化，都能屹立不倒。这种力量，源于内心的坚定与自信，是任何外界力量都无法撼动的。

在现代社会，快节奏的生活与高强度的工作压力，使得许多人陷入了情绪失控的泥潭。然而，这些纷扰挑战，更凸显了情绪稳定的重要性。只有那些能够保持内心平静的人，才能在纷繁复杂的世界中保持清醒的头脑。

不要觉得好像已经走投无路，其实你可能只是情绪进入了死胡同，而不是人生进入了死胡同。等你想开了，找到办法了，那些事终会过去，而你的心情也会随之解脱。越是状态不好的时候，越要心情好起来。因为心情好了，才能把事处理好。

允许一些意外光临，允许努力没有结果，允许自己只是一个普通人。

7.立体的世界，立体的思维

有一个十分现实的真相，深刻地揭示了世界的本质：这个世界并非如我们初识时那般简单，它不是非黑即白的二元对立，也不是非直即曲的单一维度。它好似一个错综复杂的多面体，每一个面都闪烁着不同的光芒，彼此交织，共同构成了这个立体而多维的世界。甚至可以说，这个世界的复杂性远超人们的想象，它可能是四维、五维，甚至是更多维度的存在，隐藏着无数我们尚未触及的奥秘。

在某些神秘的逻辑中，事物的发展是有千百种变化的，任何微小的转折都能产生天翻地覆的结果。

一个老和尚问小和尚："如果你前进一步是死，后退一步则亡，你该怎么办？"小和尚毫不犹豫地说："我往旁边去。"

天无绝人之路，人生路上遭遇进退两难的境况时，换个角度思考，也许就会明白：路的旁边还是路。

在人生的道路上，当遇到进退维谷时，不妨换个角度思考。或许就会发现，原来路的旁边还有路，只要你愿意去探索、去尝试，总能找到一条适合自己的出路。

慢享一刻

从前，在小镇的边缘，有一户人家，他们的菜园里静静地躺着一块大石头。这块石头，宽约四十厘米，高约十厘米，对于过往的人来说，无疑是个不小的障碍。每当有人匆匆穿过菜园时，不是被它绊倒，就是蹭破了皮，留下一道道血痕。

这户人家有个小男孩，名叫阿明，他从小就在这块石头的阴影下长大。每当他不小心踢到石头，疼得龇牙咧嘴时，总会问父亲："爸爸，那块讨厌的石头，为什么不把它挖走呢？"父亲总是笑着摇摇头，说："那块石头啊，从你爷爷的时代就一直在那里了。我们不如走路小心一点，还能锻炼你的反应能力。"

阿明听了父亲的话，虽然心里有些不甘，但也只能默默接受。年复一年，石头依旧静静地躺在那里，成了菜园里一道不变的风景。阿明也渐渐长大，娶了媳妇，生了孩子，成了家里的顶梁柱。

阿明的媳妇是个聪明能干的女人，她初来乍到，就被这块大石头绊了好几次。每次跌倒，她都会揉揉摔疼的膝盖，心里暗暗发誓，总有一天要把这块石头搬走。一天，她终于忍不住对阿明说："老公，菜园里的那块大石头，我越看越不顺眼，改天我们请人把它搬走吧。"

阿明听了媳妇的话，苦笑了一下，说："算了吧，那块大石头很重的，能搬走的话，我小时候就搬走了，哪会留到现在啊？"媳妇听了，心里很不是滋味，现在她的孩子正在慢慢长大，路过菜园时再被绊倒怎么办？

她决定自己动手，看看这块石头到底有多难对付。

有一天早上，她带着锄头和一桶水，将整桶水倒在大石头的四周。十几分钟以后，她用锄头把大石头四周的泥土搅松。她早有心理准备，可谁都没想到，几分钟之后，她就把石头挖起来了。看着眼前的石头，她愣住了。原来，这块石头并没有家人想象的那么大、那么重。它只是让人误以为它难以撼动。

很多时候，人们之所以觉得困难重重，无法突破，往往是因为思维被固有的观念和认知所束缚。而一旦敢于打破这些束缚，尝试从不同的角度、不同的方法去解决问题，就会发现，原来事情并没有想象的那么复杂和困难。

用一种立体的思维去考虑事情，你会发现不同的世界。二维世界的一切是平铺直叙的，直线般向前延展，又戛然而止；而现实世界，好似高阶版的万花筒，每一次旋转都会产生光怪陆离、复杂多样的形状，你必须学会用立体的思维去探究那些真实的、虚假的信息背后隐藏的意义。

当你愿意尝试新的思考方式，从不同的角度审视问题时，就能够发现新的解决方案，甚至创造出前所未有的机会。这种思维的灵活性，是个人适应环境变化、实现自我超越的关键，也是一段注定要自己完成、艰苦修炼的旅程。

8.在这个世界奋力生活，坚强美好

人生，本就是一场体验之旅。一个人来到世间，如同获得了一张游戏体验券，在生命终止之前，可尽情体验人生的酸甜苦辣、悲欢离合。百年之后，世间将无你我丝毫痕迹，你所追求的，不过是这尘世间的几十年光阴，既非漫长无边，亦非短暂即逝。而在这有限的时间里，你应倍加珍惜，努力赚钱、锻炼身体、学习知识，尽情体验。或许有人疑惑：为何要如此努力？"躺平"不好吗？然而，你仅是游戏的初级玩家，若不升级至一定等级，便无法体验更高级别的乐趣。世间美好无数，亟待你我探索。然而，诸多美好体验需以时间、金钱、健康及知识为基础。努力赚钱，只为换取所需之物；没有金钱与时间，远方难以触及。锻炼身体，只为摆脱疾病的困扰；没有健康体魄，则会步履维艰。学习知识，只为避免被人欺骗；而没有知识底蕴，远方诗意便难以领悟。你升级至不同等级，便会遇到不同等级的对手，你的绚烂多彩，需靠自身努力争取。

那么，人生究竟应体验些什么？是浑浑噩噩、焦虑纠结的放纵？是轻视自我、不尊重他人的狂妄？还是自以为是、自作聪明的虚伪？非也，这些轻易可得的体验，并不值得你为之付出努力。

之所以奋力生活，是为了以下种种体验：体验爱恨情仇的交织，感受优胜劣汰的残酷，领悟健康的重要性，以及脚踏实地逆流而上的坚韧。你努力赚取金钱，只为换取更多体验的"门票"；

追求更高品位，只为欣赏更多有格调的事物；积极锻炼体魄，让自己的身体更加健康；努力拓宽视野，只为摆脱愚昧与短视的蒙蔽。面对生活，该挑战时勇往直前，该平淡时安然享受。当明了努力的意义后，便只需脚踏实地，每日向目标迈进。当你真正热爱某事时，自律将成为你的天性，如同玫瑰绽放、茉莉芬芳、鸟儿飞翔一般自然。

无须终日纠结于人生的意义，因为人生的意义由你自己定义。若你觉得努力赚钱有意义，那么赚钱便是你的方向；若你觉得照顾孩子有意义，那么照顾孩子便是你的工作；若你觉得身体健康有意义，那么运动健身便是你该做的。

人的生命有限，无论人类如何努力，终将离开这个世界。生命的长度并不是决定生活质量的关键，重要的是如何在有限的生命里珍视每一次经历和感受，活出自我。每个人都是世间独一无二的体验者，人生的使命是尽可能地体验、感受、学习、成长。照顾好情绪与健康，保持内心的平和与身体的强健，这是我们人生旅途上最重要的任务。

人生路上，真正疼爱你、珍惜你的人并不多，因此要学会善待自己。切勿放大情绪、为难自己，切勿反复咀嚼痛苦，也切勿提前焦虑未来。生活便是见招拆招，那些难以释怀、难以割舍之事，就任其随风飘散吧！那些不喜欢你甚至伤害你的人，就让他们从你的生命中消失，从此不再相遇。能带你走出雨季的，从不是伞，而是无畏风雨的自己。因此，无论何时，都请勿为难自己。

加缪曾说，如今我们已洞悉生命的荒诞本质，不再执着于某个巅峰，不再追求某种更好的生活，我们所求的是在有限的生命里获得尽可能多的生命体验，体验更多，而非体验更好。我们以澎湃的激情投身于生命本身，而非追求某种结果。这便是我们的反抗方式。

所以，珍惜当下每一天，努力活得精彩，为自己创造价值。然后，坦然享受生活，愿生活善待每一个默默努力的人，加油！

第六章

漫漫长路有心灯，历尽千帆仍少年

1.感恩所有进入自己生命的人和事

好像从幼儿园起，老师都会教给孩子们，要学会感恩。然而，感恩是什么？给妈妈洗脚，给爸爸捶捶背，就叫感恩了吗？这些行为，无疑是感恩的具体表现，但感恩的内涵远不止于此。它不仅仅是两个汉字，更是心灵深处的一种情感流露，一种对生命中所有美好与磨难的深刻体悟。

感恩这个词，简单又深沉。感恩，是从自己内心发出的、最纯洁清澈的一种感情。它如同山间清澈的溪流，源自心底，无须雕饰，却能滋养万物。感恩，是对生命的敬畏，对世界的温柔以待，是无论身处何种境遇，都能找到生活的美好与希望的能力。

杨绛先生曾说："每个人都会有一段异常艰难的时光，生活的压力，工作的失意，学业的压力，爱的惶惶不可终日。挺过来的，人生就会豁然开朗；挺不过来的，时间也会教你，怎么与它们握手言和。所以，不必害怕。"感恩，正是在这段艰难时光中，给予人坚持与勇气的力量。它可以让人明白，无论何种困境，都是生命赠予的礼物，是成长的必经之路。

没错，不仅是人，所有在生命中出现的事物，都应该感恩。

慢享一刻

一个人到寺庙问佛：我为什么这样穷？

佛说：你没有学会给予别人。

这个人问：我一无所有，如何给予？

佛说：一个人一无所有，也可以给予别人七种东西。颜施，即以微笑处事，温暖人心；言施，即说赞美安慰的话，鼓舞他人；心施，即敞开心扉，对人和蔼可亲；眼施，即以善意的眼光看待他人，传递正能量；身施，即以行动帮助别人，哪怕只是举手之劳；座施，即谦让座位，给予他人片刻的舒适；房施，即有容人之心，包容他人的过错与不足。

这个人若有所悟，自此敞开心胸，尽力践行这七种给予。慢慢地，他交到了越来越多的朋友，身边人、身边事越来越有爱意，自己的生活也慢慢好了起来。

有舍才有得。当我们愿意付出、愿意给予时，往往会收获意想不到的财富与快乐。感恩，不仅仅是对他人的感激之情，更是一种积极的生活态度。怀着一颗感恩的心，你会发现周围的世界是那么可爱。

◯ 慢享一刻

在遥远的沙漠中，有两个人并肩行走，他们是多年的好友。然而，在旅途中，他们因为一件小事发生了争执，其中一人愤怒地打了另一人一巴掌。被打的人感到无比伤心，但他并没有选择报复，而是默默地在沙地上写下："今天我朋友打了我一巴掌。"写完后，他们继续前行。

不久，他们来到了一片沼泽地。被打的那个人不小心陷入了沼泽中，情况危急。这时，刚才打他的那个人毫不犹豫地拼尽全力将他救了出来。获救的人感激涕零，他拿出一块石头，在上面刻下了："今天我朋友救了我一命。"

朋友看到这一幕，感到十分困惑，问道："为什么我打了你一巴掌，你把它写在沙地上，而我救了你一命，你却把它刻在石头上呢？"被打的人微笑着回答："当别人对我有误会或做出伤害我的事时，我选择把它记在最容易遗忘的地方，让风把它带走。而当朋友对我伸出援手，给予我帮助和关爱时，我要把它刻在最不容易消失的地方，将它永远铭记在心。"

感恩是一种难得的能力，许多人知道知恩图报，但只是"感谢"，认为买点东西给人家送过去、说一些漂漂亮亮的场面话，便是懂得感恩了。这一次登门道谢，心里还盘算着怎么为下次的事张口求人帮忙，算来算去，全变成了生意，没有多少真心。这样的感恩，实在令人心寒。久而久之，又有几人再愿意向他伸出援手？

有时，繁杂的声音、光影交错的社会，可能会让你忘了以最真挚的情感对待值得珍惜的人与事。但请记住，无论身处何种境遇，都要怀着一颗感恩的心去面对生活，让自己在平凡中发现美好，在困境中找到希望，在孤独中感到温暖。

2.爱自有天意

生活，宛如一场盛大而神秘的旅程，每个人都怀揣着懵懂与期许，一头扎进时光的洪流之中。一路上，爱如影随形，以各式各样的面貌悄然现身，无论是温暖的朋友之爱、深沉的家人之爱，还是炽热的恋人之爱，都像是被一双无形却温柔的大手悉心安排，在恰当的时机出现，给予人们无尽的力量与慰藉。

人生在世，总要经历七情六欲，各色人物轮番登场，只有那些特殊的人会留在自己的生命中，为自己所铭记。亲人、朋友、爱人，甚至是陌生人的一个举动，都会让人感受到来自这个世界的爱意。

○ 慢享一刻

学生时代的小阳，性格内向怯懦，像是墙角默默生长的苔藓，鲜少引人注意，却也因此成了调皮同学捉弄的对象。一个闷热得让人喘不过气的夏日午后，教室里弥漫着慵懒的气息，几个顽劣的男生瞅准时机，抢走了小阳辛苦写完的作业，嬉笑着将本子抛向空中，纸张如同受惊的白鸽，四散纷飞。小阳涨红了脸，眼眶里蓄满了委屈的泪水，徒劳地在桌椅间穿梭，试图夺回属于自己的东西，却只能换来他们更肆意的嘲笑。

就在小阳孤立无援、满心绝望之时，阿宇如同一道划破阴霾的闪电般冲了过来。他身形不算高大，平日里总是挂着和煦笑容的脸庞此刻满是愤怒，清亮的眼眸中燃烧着怒火，二话不说便冲向那几个霸凌者。推搡间，阿宇摔倒在地，膝盖擦破了皮，殷红的血迅速渗了出来，可他仿若浑然不觉疼痛，咬着牙迅速起身，再次伸手去抢作业本，直至把本子稳稳地塞到小阳怀里。他拍了拍小阳的肩膀，咧嘴露出两颗标志性的小虎牙，声音爽朗，"别怕，往后有我保护着你，看谁还敢欺负你！"

自那以后，阿宇成了小阳校园生活里最坚实的依靠。清晨时分，他总会早早地等在小阳家楼下，自行车的铃铛被他摇得清脆作响，催小阳一同奔赴学校；课间休息时，他们躲在教室的角落，脑袋凑在一起，分享从家里带来的各种美味零食，香甜的滋味在舌尖散开，伴随着欢声笑语，填满了年少的时光；备战考试的深夜，昏黄的台灯下，两张满是稚气的脸庞紧挨着，为一道道难题绞尽脑汁，攻克难关时的欢呼与雀跃，至今仍回荡在记忆深处。

即便后来毕业，大家各奔东西，生活的琐碎与忙碌如潮水般涌来，距离也没能冲淡这份珍贵的友情。当小阳初入职场，遭遇项目失败、被领导当众批评的窘境，满心挫败，躲在出租屋里暗自垂泪时，阿宇听闻消息，连夜坐火车赶来。他拉着小阳走到街边烟火缭绕的烧烤摊，点上一大把滋滋冒油的肉串，又开了几瓶冰啤酒，听小阳絮絮叨叨地倒苦水。听完后，他用力地拍了拍小阳的后背，眼神真挚而坚定，"这算啥啊，人生的小坎儿罢了，你这么有本事，往后有的是成功的机会，别灰心！"那一刻，小阳由衷地感激命运，让这样一位挚友出现在自己生命里，陪自己熬过那些至暗时刻。

小阳的父亲，在他眼中一直是坚毅如山的存在，常年为了家庭生计在外奔波劳累，他的双手粗糙干裂，布满了老茧与或深或浅的伤疤，每一个痕迹都是他扛起生活重担的无声见证。记得小时候，小阳半夜突发高烧，整个人烧得迷迷糊糊，意识混沌不清。父亲听到动静，鞋都来不及穿好，背起小阳就往医院狂奔。深夜的街道寂静无人，唯有他急促的脚步声和沉重的喘息声在空气中回荡，月光将他的身影拉得很长很长。到了医院，他守在病床前，那双手虽然粗糙，却无比温柔地紧紧握着小阳的小手，通红的眼睛一眨不眨地盯着输液管，仿佛要用他全部的意志力为小阳驱赶病魔。

小阳的母亲则是家中那轮永不落下的暖阳，操持着家中大小事务，事无巨细，给予家人无微不至的关怀。青春期的小阳，叛逆倔强，像浑身长满刺的刺猬，总和母亲顶嘴，厌烦她的唠叨，不满她的管束。一次激烈的争吵后，小阳负气离家出走，在外面漫无目的地游荡到天黑。饥寒交迫之际，兜里的手机突然震动，是母亲打来的电话。接通的瞬间，电话那头传来她带着哭腔的哽咽声："孩子，你在哪儿啊？快回家吧，妈做了你最爱吃的红烧肉，是妈不好，不该跟你吵……"那一刻，愧疚与懊悔如潮水般涌上小阳的心头，他飞奔回家。推开门，看到满桌热气腾腾的饭菜和满脸憔悴的母亲，泪水瞬间模糊了小阳的双眼。

或许有人会问，家庭与亲人对我们有何意义？意义在于，我们用一生去经历，成为子女、伴侣、父母，直至老去。在这漫长的经历中，我们会经历迷茫、怨恨、后悔、喜悦、兴奋……这些情绪，如同命运的安排，引领我们找寻真正的自我。年轻时，我们是父母的子女，孝顺父母，目送他们离去。感叹时光荏苒，岁月如梭。结婚生子后，我们成为伴侣、父母，亲身体验生活的酸甜苦辣。对婚姻五味杂陈，对子女倾尽所有。晚年时，我们重走父母的老路，子女目送我们离去，我们告别他们，结束这段旅程。这一切，仿佛都是天意的安排，让我们在经历中领悟，在领悟中成长。

生活，平淡如水，时而有趣，时而乏味。无须终日寻觅意义，因为意义就在生活的点滴之中。面对生活，我们应有慢慢变好的勇气。让我们在尘世的浮光掠影中，保持一颗清醒的心，不被虚幻所迷惑，不被执念所束缚。用一颗平和、宁静的心去感受生活的美好与真谛，去体验友情的温暖与伴侣的陪伴。让我们在人生的旅途中，慢慢领悟、慢慢成长，直至找到真正的自我，与内心和解。因为，爱自有天意，一切皆有定数。

3.一切都是最好的安排

"言谈不可杂乱，做事不可焦躁，灵魂不可不安，日子才能平稳无忧。"这是《沉思录》中的话。个人的言行举止里，藏着他的生活品质。说话不随意，行事不急躁，做人不任性，才能做自己人生真正的掌控者，越过越舒心。人到中年，"破我相、人相"就是藏得住话，沉住得气，守住得心。知人不必言尽，留人三分余地。这皆是守静的力量。

人生路上，有高山，有低谷，时而崎岖难走，时而平坦易行。但也正是因为这些起起伏伏，才构成了丰富多彩的人生画卷。每个人都希望生活能一帆风顺，但现实往往并非如此。人生不如意的事十有八九，有些时候好事的结局不一定好，坏事的结局不一定坏。请相信，一切都是最好的安排，种种经历终将让我们成长。

○ 慢享一刻

一个从小怀揣画家梦想的年轻人，出生在一个普通的工人家庭，家境并不宽裕，父母对艺术更是一知半解。年轻人用自己的零花钱购买画笔和颜料，尽管缺乏专业指导，他依然坚持自学，日复一日地在画布上挥洒汗水。然而，现实的残酷让他一次次碰壁，画作总是生硬而缺乏灵魂，甚至被一些人嘲笑为"业余"。

但他并不气馁。他虚心地向所有点评者请教，询问他们的意见，聆听他们对自己画作的感受，从中撷取对自己有益的部分。渐渐地，他的画作开始展现出独特的魅力，他的艺术才华也逐渐得到了认可。

在一次偶然的机会中，他参加了一个画展，他的作品虽然没有获得大奖，却引起了一位知名画廊老板的注意。这位老板看中了他作品中那份独特的宁静与深邃，决定邀请他举办个人画展。这次画展不仅让他的作品得到了更广泛的认可，也让他结识了许多志同道合的朋友，为他未来的艺术之路奠定了坚实的基础。

"对的人就像是金子，哪能那么容易让你遇见呢！"真正对的人，可遇不可求。人的一生会遇到无数的人，有些人终究是要离你而去的。但无须强求、惋惜，因为后面会有更好的人等待着与你相逢。人生不如意的事十有八九，但每一次的挫折都是成长的契机，都是生命给予的最好安排。

《道德经》中有这么一句话："人之所恶，唯孤、寡、不穀。"每个人都不喜欢缺憾和苦难，谁都希望自己有一个十全十美的人生。那世间为什么有那么多缺憾呢？因为没有缺憾，给你再多幸福，你也体会不到快乐。就像只懂甜味的人，没有其他味道作陪，也体会不到甜味。

杨绛先生说："治愈之道，不在于时间，而在于内心的度量与释怀。"人生路上，有高山，有低谷，时而崎岖难走，时而平坦易行。生活，不过是自我宽慰的过程。一旦领悟其中真谛，一切难题皆迎刃而解。看透是领悟，看淡是轻松，看开则是快乐。

每个人都想争取一个完满的人生。然而，自古至今，海内海外，没有一个人拥有百分之百完满的人生。古言说："黄金无足色，白璧有微瑕。"有时候，有那些缺憾作陪衬，才能让人更加珍惜当下所获得的。人生得失常有，那些能失去的，只为让你得到更好的。

有一天，你终于迂回地到达了想去的地方才会惊讶地发现：

原来之前所走过的一切，都只是通往这里的必经之路，少一步都无法塑造出今天的你。

佛家有这样一段话："无论你遇见谁，他都是对的人。无论发生什么事，那都是唯一会发生的事。不管事情开始于哪个时刻，都是对的时刻。已经结束的，就已经结束了。"一切都是最好的安排。在你努力时遇到了困难，不要沮丧；当你强求感情而不得时，不要堕落。生命中的一切，都无须抗拒，笑着面对，不去埋怨。希望你始终记得：种种经历，皆有因由，若有事与愿违，都是另有安排。

4.用最初的心，走最远的路

世界上其实没有什么能让人茅塞顿开的大道理，那些所谓的"顿悟"，往往只是短暂的心理安慰。如同让人暂时舒缓的安定剂，无法真正解决深层次的问题。真正能让你从内到外发生蜕变的，唯有坚韧不拔的意志、持之以恒的决心，以及对世间万物那份永不熄灭的好奇心。在这个纷繁复杂的世界里，保持初心、坚守信念，才是通往成功的唯一捷径。

有一个经典的寓言故事，深刻地诠释了这一道理：三人一同出门，一人带了伞，一人带了拐杖，还有一人两手空空。归来时，带伞的全身湿透，带拐杖的伤痕累累，唯独那个空手的，却安然无恙。原来，雨来时，带伞的人因为有了伞的庇护，便无所顾忌地大步前行，却不料风急雨骤，伞成了累赘，反而被淋湿；走泥泞小路时，拄拐的人自认为拐杖可以帮他克服一切障碍，于是莽撞前行，结果却时常跌倒。而那个什么都没有带的人，大雨来时他懂得寻找避雨之处，路不好时他小心谨慎，步步为营，反而能够平安归来。同样的天气、同样的道路，只因心态不同，便有了截然不同的结果。

生活中的我们，也时常会遇到各种挑战和困境。但请相信，无论今天经历了多少不开心，明天的太阳会照常升起。它会无私地将光芒洒向大地，照亮树木、街道、房屋，还有你。你要坚定地相信，自己也是那被阳光照耀的众多生灵之一，总有一天，你也会闪闪发光。所以，今天的不开心就到此为止吧，让心灵得到片刻的宁静和放松。记住，路再长也有终点，夜再黑也有尽头。无论雨下得多么猛烈，总会有停下的那一刻，乌云无法永远遮盖住微笑的太阳。

生活有时确实沉闷，但只要我们勇敢地奔跑起来，就能感受到耳畔呼啸而过的风，那是生活的馈赠，是前进的动力。那些低落、疲惫、困惑的时刻，或许正是生活对我们的考验，教会我们：不要沮丧，不必惊慌。即使一路跌跌撞撞，偶尔遍体鳞伤，也要勇敢地站起来，继续前行。因为只要心中有方向、有梦想，总有一天，你会站在最亮的地方，活成自己曾经渴望的模样。

请一定相信，相信自己不止于此，相信自己会更好，相信只要努力，岁月自有打赏。

慢享一刻

有一个年轻人，怀揣着对软件开发的热爱和梦想，勇敢地走进了一家心仪已久的软件公司。然而，这家公司并没有刊登过招聘广告，他的到来显得有些突兀。面对总经理的疑惑，他用不太娴熟的英语解释说，自己是碰巧路过这里，被公司的氛围所吸引，就贸然进来了。总经理被他的勇气和真诚所打动，破例给了他一次面试的机会。然而，面试的结果却并不如人意，年轻人的表现糟糕透顶。他对总经理的解释是，自己事先没有准备充分，对这次面试有些紧张。总经理以为他不过是找个托词下台阶，就随口应道："等你准备好了再来试试吧。"

一周后，年轻人再次走进了这家公司的大门，这一次，他的表现仍然没有达到公司的要求，但比起第一次，已经有了明显的进步。总经理对他的努力和坚持表示了赞赏，但仍然告诉他："等你准备好了再来试试吧。"年轻人没有气馁，他深知自己的不足，也明白成功需要付出更多的努力。于是，他更加刻苦地学习，不断提升自己的专业技能和综合素质。

就这样，这个年轻人先后五次踏进这家公司的大门，每一次都带着更加坚定的信念和更加充分的准备。终于，在第五次面试中，他凭借出色的表现赢得了总经理的青睐，成功被公司录用，并成了公司的重点培养对象。

也许，人生旅途上沼泽遍布，荆棘丛生；也许追求的答案总是山重水复，不曾柳暗花明；也许前行的步履总是沉重而蹒跚；也许需要在黑暗中摸索很长时间，才能找寻到那一丝光明；也许信念会被世俗的尘雾缠绕……但请记住，这些困难和挫折都是成长的必经之路。它们或许会让你暂时感到疲惫和迷茫，但请你保持初心，坚定信念，勇敢地对自己说："再试一次！"

5.过眼云烟，自有心境

爱因斯坦论坛的负责人苏珊·奈曼曾说："长大成人的根本，不是妥协，而是智慧与平衡：既接纳人生不可避免的艰难，又不放弃把它变得更好的努力。也就是说，既要直面永远得不到你想要的世界的事实，但又绝不放弃心中想要的世界。"

智慧，是能够洞察人生真谛，理解世间万物运行规律的能力；而平衡，则是在纷扰复杂的生活中，找到内心的平静与稳定，既不被外界的诱惑所动摇，也不因一时的挫败而失去前行的勇气。

作为普通人，你我或许无法改变整个世界，但可以精心经营好自己的一方天地，将自己置于世界的中心。不是为了与世隔绝，而是为了更好地理解自己，发现自己真正热爱的事物。或许，那方天地是一份热爱的工作、一个挚爱的伴侣、一种深邃的兴趣爱好，抑或是对知识的无尽探索——进而安心地做自己世界的主人。

慢享一刻

有四兄弟同乘一艘小船，勇敢地踏上了寻找圣地的旅程。然而，途中的狂风巨浪，却成了他们命运的试金石。老大选择了退缩，他害怕未知的风险，渴望回到安全的港湾；老二试图改变方向，寻找新的目标，以逃避当前的困境；老三则选择了逃避，他蜷缩在船舱里，不敢面对现实；唯有老四，他紧握船舵，决心乘风破浪，坚定不移地向前。

这时，一个巨浪卷来，把小船劈成了碎片，兄弟四人一同葬身大海……

等到太阳重新照耀海面的时候，人们看到了一幅奇异的景象：

老大变成了一尾虾，喜欢向后退着游；老二变成了一只蟹，总是横着爬行；老三变成了一只鳖，时时躲在甲壳里面；只有老四，变成了一条大鱼，始终迎着风浪，面向阳光，义无反顾。

每个人都有自己的选择，他强任他强，他笑由他笑，自己只需经营好自己的一方天地，无须在意他人的评价，坚定地按照自己的处事方式去做。即使被大浪击碎，仍有昂首挺进、乘风破浪的勇气，便是自己的英雄。

💬 慢享一刻

春天，万物复苏，花园里呈现出一派生机勃勃的景象。万木争荣，百花争艳，大自然仿佛在用自己的方式，庆祝着生命的奇迹。然而，在这繁华的背后，却隐藏着不为人知的较量。一些爬地草悄悄地从污泥中探出头来，肆意向四方伸展。它们看见空地就占，遇到缝隙就钻，妄图称霸整个花园。

眼看着蕙草一棵棵地枯萎，鲜花一株株地凋残，爬地草却扬扬得意，神气活现。但是，当它们遇到一棵参天大树时，却被那粗壮的树干顶住，任凭如何使劲，也无法再向前一步。

"喂，你是什么东西，胆敢阻挡在我的面前？"爬地草不可一世，厉声吆喝。

然而，参天大树却巍然屹立，轻蔑地答道："我是不会和你争的！你抢占的，是脚下狭窄的污地；而我追求的，是头顶上广阔的天空。"

在成长的道路上，你或许会遇到无数的挑战与诱惑，但只要能够保持内心的清明与坚定，就一定会找到属于自己的那片天空。就像参天大树，即使脚下的土地再贫瘠，也要努力向上生长，去追求那片属于自己的广阔天空。只有当我们真正站在了那个高度时，才会发现自己原来一直追求的是什么。

当你从一地鸡毛中走出来，站在干净的地面上时，你才会看到洁净的世界。离开污泥堆，才不会污秽缠身。

还自己一方清净天地，人生自会清净起来。

6.活得简单，才能活得自由

大多数人所崇尚的简单，往往被误解为物质欲望的轻易满足，或是精神层面达到极致强大后的无欲无求。这种简单，看似触手可及，实则如同海市蜃楼，难以企及。在现实生活中，许多人将"活得简单"当作自己浑浑噩噩、不思进取的借口。他们口中的简单，不过是对生活的一种逃避。他们或许从未意识到，真正的简单，并非一种消极避世的态度，而是一种历经世事、阅尽千帆后的质朴回归。

古人言："先识乾坤大，再论草木青。"一个人若未曾领略过世界的广阔与复杂，又怎能真正理解简单的真谛呢？真正的简单，是在精神富足之后，对纷繁复杂的世界的一种超然态度。它源于内心的平静与满足，而非外在的匮乏与无奈。

走了那么多的路，过了那么多的桥，经历了无数的风雨与坎坷，最终要学会的，是在这不易的生活中好好地调节自己。简单的心，是决定生活质量的关键因素。一颗简单的心，无论身处何种环境，都能保持平和与宁静，拥有一种超然物外的生活态度。

人生最好的作品，其实就是自己。即使无人欣赏，也要独自芬芳，活出自己的精彩。对自己要随性而为，不强求、不勉强；对他人要随缘而遇，不强求、不执着。看自己的景，走自己的路，念别人的好，修自己的心。生活不简单，但要尽量简单地过，让心灵在纷繁复杂的世界中找到一片宁静的港湾。

慢享一刻

一支淘金的队伍在茫茫沙漠中艰难前行，每个人都步履沉重，痛苦不堪。然而在这支队伍中，却有一个人的步伐格外轻松。当被问及原因时，他微笑着回答："因为我带的东西最少。"

快乐，往往源于内心的满足与简单，而并非物质的堆砌。当学会放下负担时，心灵自然会变得更加轻盈，生活也会因此变得更加美好。

真正的极简并非"扔、扔、扔"，而是一种生活态度的转变。极简主义者注重的是内心的富足与平静，而非外在的堆砌与炫耀。他们懂得拒绝和屏蔽生活中不重要的人和事，让自己过得舒心而自在。这并不是说要对自己苛刻或节俭到极致，而是要学会理性消费、合理规划生活。真正对自己好，是注重锻炼、保持健康、定期体检；是让自己背负合理的债务，而不是盲目消费；是做自己喜欢的事，不讨好、不委曲求全、不迎合、不压抑自己。而那些扔出去多少旧物，再花成倍的钱购入最新款的人，并不是真正的极简主义者，只是在迎合一种风气罢了。

治愈自己最好的方式就是：忙碌和早睡。忙碌能够让你忘记烦恼，忘记忧愁，忘记所有的不快。早睡能够让你精神饱满，能够让你鼓起勇气，重新出发。生命中真正重要的不是你遭遇了什么、路过了什么，而是你记住了什么、忘记了什么、是如何铭记的、又是如何忘记的。为了到达目的地，步行之外的其他方式都太快了，你会错失沿途无数的美妙和愉悦。所以，让自己静下心来，慢慢走，欣赏路边的风景，才是最重要的。一切想开看淡，静而不争，余生很贵，开心健康最重要。学会释然，人生路上也会轻松许多，给自己一片宁静的空间，还自己一份悠然的心境。

学会欣赏微小，从事物中发现与众不同的乐趣，找到幸福的源泉，拥有属于自己的快乐。善待自己，释然所有，生活将会充满阳光和温暖。只有这样，才能体会到生命的真挚与意义。

生活不简单，尽量简单过。人生最困难的不是努力与奋斗的过程，而是如何在纷繁复杂的世界中做出正确的抉择。别放弃，一步一步走下去，别让机会从眼前溜走，珍惜每一个可以提升自己的机会。当你能够忘记过去的伤痛与遗憾，看重现在的每一刻，乐观地面对未来时，你就已经站在了生活的最高处。当你明白成功不会让你显赫一时，失败也不会将你击垮，平淡更不会淹没你的才华与梦想时，你就已经站在了生命的最高处。当你修炼到足以包容生活的所有不快与挫折，专注于自身的责任与使命，而不是个人的利益时，你就已经站在了精神的最高处。

7.戒掉抱怨，遇见更好的自己

杨绛先生曾说："有些人之所以不断成长，就绝对是有一种坚持下去的力量。好读书，肯下功夫，不仅读，还做笔记。人要成长，必有原因，背后的努力与积累一定数倍于普通人。所以，关键还在于自己。"

坚持，是那些追求卓越者共同的信仰，它不仅仅是一种态度，更是一种深植于心的力量源泉。成功，从来不是一蹴而就的，它所需要付出的努力与积累，往往数倍于普通人。这份坚持与付出，如同细水长流，终将汇聚成海，推动着我们不断向前，直至他人难以企及的高度。因此，关键还在于自己，在于你是否愿意为了梦想，付出比别人更多的努力与汗水。

◐ 慢享一刻

一位老道长有一个爱抱怨的弟子。一天，道长将一把盐放入一杯水中让弟子喝。

弟子皱着眉头啜了一口，说："咸得发苦。"

道长带着弟子走到湖边，又把更多的盐撒进湖里，让弟子再尝湖水。

弟子弯下腰，轻轻捧起湖水喝下，说："纯净甜美。"

道长说道："生命中的痛苦是盐，它的咸淡取决于盛它的容器。"

道长以盐为喻，告诉弟子：生命中的痛苦，并不取决于它本身，而是取决于盛放它的容器——人的心胸。一个心胸狭隘的人，面对生活中的一点点不如意，就会觉得苦不堪言；而一个心胸宽广的人，即使遭遇再大的困难，也能以平和的心态去面对，将痛苦化为成长的养分。正如《小窗幽记》所言："安详是处事第一法，谦退是保身第一法，涵容是处人第一法，洒脱是养心第一法。"老是抱怨世界的人，不妨先反思自己，是否因为心胸太过狭小，而错过了生命中的美好与希望。学会放宽心，以包容的心态去接纳生活中的一切，你会发现，世界其实并没有你想象的那么糟糕。

慢享一刻

有个科学家经过 808 次实验，终于发明了一种神奇的药物，使他获得了诺贝尔奖的殊荣。

记者问他："在 808 次实验中，哪一次实验使你最感到痛苦?"

"当然是第 807 次失败的那回!"科学家回答。

"那么，哪一次实验又使你最感到欢乐呢?"记者又问。

"当然是第 808 次成功的那一回呀!"科学家笑着回答。

"请你再谈谈，在这项发明创造中，你体会最深的又是什么?"记者再次追问。

"事实证明，"科学家深情地回顾，"在科学实验中，当我最痛苦的时候，也就临近了最欢乐的时候。这，就是我最深刻的体会!"

科学家的话，在人群中久久回荡，激起了经久而热烈的掌声。

808 次实验，每一次失败都是对意志的考验，每一次尝试都是对梦想的追逐。余华曾写道："作为一个词语，'活着'在我们中国的语言里充满了力量，它的力量不是来自喊叫，也不是来自进攻，而是忍受，去忍受生命赋予我们的责任，去忍受现实给予我们的幸福和苦难、无聊和平庸。"在人生的旅途中，必定会遇到各种各样的挑战与困难。正是这些经历，塑造了人的坚韧与不屈，让人学会了忍受，学会了在逆境中寻找希望，学会了在平凡中发现美好。这份忍受，不是消极的接受，而是积极的面对与超越。它让人在痛苦中成长，在失败中崛起，最终成为那个更加坚强、更加优秀的自己。

努力，是连接梦想与现实的桥梁。人生的意义不在于逃避困难，而在于勇敢地面对挑战；不在于追求一时的安逸，而在于不断地成长与进步。每一次的努力，都是对自己最好的投资，都是向着梦想迈出的坚实步伐。努力的过程，往往伴随着汗水与泪水，甚至会有无数次的失败与挫折。但正是这些经历，让人学会坚韧与不屈，让人在逆境中找到成长的力量。而在这个过程中，抱怨、牢骚、沮丧，都是最没有用的东西！

抱怨、牢骚，都是消极的情绪表达，它源于对现实的不满与无奈，以及对未来的迷茫与恐惧。当你陷入这种负面情绪的漩涡时，往往会开始抱怨生活的不公，指责他人的过错，却忽略了自身的责任与努力，让自己陷入更加被动的境地，终究会被拽进深渊，难以振作。

有人指出过现实的残酷："不是所有的坚持都会有结果。"也给出了一丝希望："但总有一些坚持，能从冰封的土地里，培育出十万朵怒放的蔷薇。"希望你努力，闭嘴不抱怨，默默种出属于自己的十万朵蔷薇！

8.随遇而安，心得自在

在这个复杂多变的世界里，每个人都在寻找自己的定位，试图在既定的框架内创造出属于自己的精彩与辉煌。然而，人生能否汇聚足够的力量，让生命的画卷绚烂而圆满，不仅关乎运气，更在于历经曲折后是否仍能保持一颗鲜活跳动的心，怀揣不灭的信念与崇高的理想，矢志不渝地追求实现。

人生，本质上是不断向前的旅程，沿途的风景不一、坎坷中的脚步深浅，皆是衡量生命价值的标尺。在旅程中，或许会遇到美丽的风景，让人心旷神怡；或许会遇到险峻的山路，让人步履维艰。但无论遇到什么，都应该珍惜。沿途的风景，无论好坏，都是人生的一部分。看过的风景、读过的文字、走过的道路、遇到过的人，组成了如今的你。

许多布满荆棘的道路，唯有亲自走过，方知自己竟能如此坚强。人生并无太多难题，难的是拥有一颗勇于面对挑战的心。

心累，常源于在坚持与放弃间徘徊不定。烦恼，则因记性太好，将应忘与不应忘之事皆铭记于心。有时，过分在意亦是对自己的折磨。学会宽容，学会平静，学会淡然处世，学会置身事外，学会充耳不闻。昨日已逝，抖落尘埃，继续前行。

生命，本就承载着诸多遗憾与无奈，无须过分自责。每个人都有自己的局限，无法做到尽善尽美。不妨为心灵添一抹绿意，向他人展露一抹微笑，无论月圆月缺，缘聚缘散。

学会放松，不必将每一件事都做到极致，令自己疲惫不堪。生活中充满了不确定，你无法预测未来会发生什么，所以干脆将生活视为一场即兴表演，会轻松许多。偶尔的失态亦添几分可爱。烦躁时，静默不言，不做决断，独处片刻，让那些难以承受的情绪，在自己的世界里慢慢消融。

不必过于顺从，不愿之事要勇敢拒绝，力不能及之事无须勉强，不悦之言权当未闻。人生并非为了取悦他人，而是要善待自我。愿洞察世事纷扰而不留痕迹，花开时成美景，花落时成诗篇。

认真之人能改变自己，执着之人能改写命运，只要心中有愿，人人都能将人生紧握于掌中。谁无艰难时刻，谁无辛酸过往，唯有自己的双肩能扛起这一切；谁无错过之缘，谁无遗憾之事，唯有自己的双眼能看清这一切。

生活常伴两难，再多执着与不舍，也不得不接受那些逐渐消逝的纯真。从哭泣诉说到微笑面对，终归于随遇而安。

人生似路，需有耐心。欲求快乐生活，当学会随缘，不强求不可得之物，不执着已失之念，淡然处之，悠然自得。烦恼如同内心的阴霾，唯有点亮随缘的心灯，方能驱散黑暗，照亮前行之路。

诸多事情，持之以恒，终能度过。再苦再累，只要勇往直前，属于你的风景终将显现。

有一种经历叫作饱经风霜，有一种眺望叫作含泪微笑，有一种追求叫作缓步深思，有一种美丽叫作淡雅至极。给生命一个微笑的理由，别让心灵承载过多重负；给自己一个温暖的怀抱，以风的执着探索，以莲的淡泊生活，带着一抹微笑，将岁月雕琢成人生枝头最动人的风景。

人生，无谓失去，爱无谓永恒，无论你是主动在人生的某个驿站停留，还是命运将你抛至某个角落，只能继续前行，探寻前方的惊喜或荆棘。

人生路上所遇的困境与不解，或许当下难以承受，但未来回首，或许会感激这一切都是最好的安排。

自己的人生，只要自己感到幸福便足够，无须向他人证明什么，切莫因注视他人而迷失自己的方向。过往的艰难不必再提，只谈现在的坚持。人生如舞台，不到落幕，永不言败！